[基金项目]
（1）2022年贺州市哲学社会规划研究课题：关于贺州市体育＋旅游产业融合发展研究（项目编号：GH2022ZCH04）
（2）2023年度广西高校中青年教师科研基础能力提升项目：体育强国背景下广西
（项目编号：2023KY0722）

户外休闲运动与团队建设项目实践研究

徐彬超 林志坚 著

中国轻工业出版社

图书在版编目（CIP）数据

户外休闲运动与团队建设项目实践研究 / 徐彬超，林志坚著. — 北京：中国轻工业出版社，2023.12

ISBN 978-7-5184-4461-8

Ⅰ.①户… Ⅱ.①徐… ②林… Ⅲ.①休闲娱乐—体育运动—中国 Ⅳ.① G812.4

中国国家版本馆 CIP 数据核字（2023）第 106724 号

责任编辑：毛旭林

文字编辑：梁若水　　责任终审：李建华　　整体设计：锋尚设计

策划编辑：毛旭林　梁若水　　责任校对：晋　洁　　责任监印：张　可

出版发行：中国轻工业出版社（北京鲁谷东街5号，邮编：100040）

印　　刷：艺堂印刷（天津）有限公司

经　　销：各地新华书店

版　　次：2023年12月第1版第1次印刷

开　　本：710×1000　1/16　印张：12

字　　数：250千字

书　　号：ISBN 978-7-5184-4461-8　定价：69.80元

邮购电话：010-85119873

发行电话：010-85119832　010-85119912

网　　址：http://www.chlip.com.cn

Email：club@chlip.com.cn

如发现图书残缺请与我社邮购联系调换

220922W4X101ZBW

前言

本书介绍了户外休闲运动与团队建设项目。户外休闲运动指以户外运动为基础开展的休闲活动，一般为团队性活动。户外休闲运动能使人保持一种积极向上、乐观的精神面貌，成为一些脑力劳动者释放工作压力的有效方式。团队建设项目作为一种全新的人力资源培训方式，以培养成员的合作意识和团队精神为目标，通过各类具有一定挑战性的活动项目，促进成员之间相互信任、理解和配合。

随着全民健身与全民健康深度融合，户外运动逐渐成为广大群众喜闻乐见的运动方式。近年来，国家体育总局、国家发展改革委等共同印发的《户外运动产业发展规划》(2022—2025年)(以下简称《规划》)，为户外运动产业的发展提供了更进一步的政策保障。《规划》首次就优化户外运动产业发展环境和产业结构，丰富户外运动产品供给等方面制定具体举措，并提出到2025年户外运动产业总规模超过3万亿元的目标。

在此背景下，各个领域都开始通过户外休闲运动项目和团队建设项目培养和训练人的沟通、合作、解决问题的能力。本书展开对户外休闲运动与团队建设项目的研究，有着重要的现实意义。

本书分为七章：第一章以徒步、露营、溯溪为代表介绍常见的几种户外休闲运动项目；第二章主要以极限飞盘、攀树运动、扁带运动和腰旗橄榄球为代表介绍新兴户外休闲运动项目；第三章以皮划艇、桨板、划艇为代表介绍新兴户外水上休闲运动项目；第四章以呼吸的力量、动力圈、担架接力、雷区取水、击鼓颠球和不倒森林为代表，介绍户外陆上有器械团队建设项目；第五章以信任背摔、生命之举和搭人塔、定向闯关为代表，介绍户外陆上无器械团队建设项目；第六章以水上魔毯、扎筏泅渡和载人纸船为代表，介绍户外水上团队建设项目；第七章为案例展示，对运动项目如何融入学校、融入企业提供实操和理论的指导，可供户外教育工作者、高校休闲户外运动专业学生、企业培训人员、户外爱好者参考使用。

本书由徐彬超负责全书的框架设计、统稿工作以及大部分内容的撰写；林志坚老师负责皮划艇部分内容的撰写；另有潘彦宏副教授、梁楹老师分别参与了攀树运动和桨板运动部分的撰写。本书能够顺利完成，有赖于多人提供协助和支持，在此深表感谢，感谢贺州学院杨主泉教授、宋会君教授、藏良运教授、梁汉平教授等提供了宝贵的建议和支持。

由于笔者水平有限，书中难免有疏漏和不足之处，恳请各位专家和读者不吝赐教。

徐彬超

目　录

第一章

常见的几种户外休闲运动项目

第一节　徒步

徒步是指有目的地在郊区、农村或者山野间进行中长距离的走路锻炼，是一种典型且普及率较高的户外运动。现代人的生活节奏快，工作压力大，到户外走走，有益身心健康。

一、徒步的分类

徒步，根据穿越区域的不同，可以分为山地、丛林、沙漠荒原、雪原冰川、峡谷、平原等多种类型。

根据距离的不同，通常15千米内的称为短距离徒步，15~30千米的称为中距离徒步，30千米以上的称为长距离徒步。

图1-1　学生进行20千米中距离徒步

二、徒步的益处

（一）强筋健骨，保持体形

徒步锻炼，能运动全身骨骼系统，抻拉肌肉，活动关节，强健骨骼，预防骨质疏松。徒步还能增强代谢，帮助排除体内垃圾，减少腹部脂肪堆积，有利于保持良好的体形。

身心疾病大多源于气血不通，适当徒步能帮助气血通畅，有效减重，身轻则心安。

（二）控制相关病情，减少疾病发生

徒步锻炼可控制、减轻某些病症。比如糖尿病患者若适度步行，能增加机体对葡萄糖的利用，从而控制糖尿病的发展。相关研究机构曾对护士群体进行健康跟踪调研，最终得出结论：一周走路六小时以上的人，中风的发生率比其他人低40%。

步行还可以增强消化腺的分泌功能，促进胃肠规律蠕动，增加食欲，对于防治高血压、心肌梗死、糖尿病、肥胖症、习惯性便秘等都有良好的作用。

（三）结识朋友、增长见识

在户外徒步中能结识很多志同道合的朋友，扩大社交圈；会碰到很多新的事物，如平常少见的植物、动物、建筑等，乐趣无穷。

图1-2　团队徒步

（四）放松大脑，保护视力，增强记忆力

长时间待在电脑前，待在家里看书、写文章，大脑容易疲惫，到户外徒步能呼吸新鲜空气，消除大脑疲劳，提高学习效率。

现代人阅读量大，电子产品使用过多，视力退化较严重，据相关研究结果，每周步行三次、每次一小时、连续坚持四个月的人与不喜欢运动的人相比，前者反应更敏锐，视觉感知力与记忆力均占优势。

三、徒步的技巧

徒步和平常的走路是不一样的。理解和掌握下面几种技巧，灵活运用，更能体会到徒步的乐趣。

（一）控制步幅

在长途行走过程中，不要以为昂首阔步地大步向前就行了。步幅大是利用了腿部肌肉的爆发力，但爆发力难以持久，我们更需要的是一种持久力，所以步幅不是越大越好，而是要控制在恰当的幅度，充分利用腿部肌肉的韧性，保持持久的行进力。

（二）调节呼吸

要努力让自己的呼吸与运动达成协调的节奏状态：肌肉持续缓慢而不休止地运动，再加上平稳均匀的呼吸。简单来说就是几乎每走一步都有意识地呼吸一次。

要注意吸气和呼气的力度，不要太过强求，以免拉伤肋间肌。调匀呼吸是保持体能的关键之一。

（三）充分利用肌肉

要使走路变成有节奏的、自然的有氧运动，上下坡时，也要随着这种节奏尽量利用肌肉的运动，尽可能减少骨骼和关节的负担。尤其是在下坡时，如走那些长程的下坡路，要善于利用肌肉力量和双脚，使其可发挥立刻停止及控制节奏的作用，减少对骨骼和关节的冲击力。

（四）合理休息，补充能量

徒步过程中要合理安排休息时间，以及适时补充能量。每走上相当一段时间或路程后，要适当地休息片刻。休息时应摄取一些马上能转化成能量的糖类和水分，使身体及时得到补充，恢复体力。并可松开鞋带，但必须记住未到宿营地前，千万不要脱下鞋子。因为在长途行走中，双脚会稍微发胀，中途休息脱鞋，再穿上走下段路程，双脚就可能会被鞋子磨破。

四、徒步必备用品

徒步的必备用品包括背包、登山杖、快干衣裤（长袖、注意防晒）、护膝、徒步鞋、防晒用品（帽子或墨镜）、个人药品（如药油、跌打药、止血贴、胃药或个别特效药物、防蚊药）、食品、饮用水。

此外，推荐准备好毛巾、塑料袋、备用衣物、照相机、头灯、防水袋等。

（一）登山杖

孙悟空有根金箍棒，可大可小，帮他降妖除魔。户外人也有一对“金箍棒”：可长可短，上坡能加速，下坡当刹车——集多重功能于一身的登山杖。

刚开始徒步登山的新人往往双腿走天下，对登山杖不屑一顾。一旦受伤，方才理解“四条腿”行走带来的便利。在相关研究中，是否使用登山杖被认为是影响损伤率的直接因素之一：199位未使用登山杖的选手受伤率为47.7%，而49位使用了登山杖的选手中只有9人受伤，受伤率下降到18.4%。（数据来源：《中国运动医学杂志》2016 年 6 月刊，陈珀航、毕擎《杭州山地马拉松赛运动损伤情况及

图1-3　徒步中使用登山杖

影响因素分析》)

1．登山杖的构成

现代登山杖起源于阿尔卑斯山地的滑雪运动，同野性的斯堪的纳维亚户外文化密不可分。直到20世纪70年代，登山杖才从滑雪运动中的雪杖脱离，自成一派，应用于各种山地户外运动。现代登山杖由腕带、手柄、杖杆、锁扣、杖托、杖尖六部分组成。

2．徒步时使用登山杖的益处

行走时使用登山杖可以动用身体更多的肌肉群，还可以减轻约20%的腿部压力；在平路每行走一步，登山杖都可以分担部分身体重量；上坡时分担的重量更大。

登山杖的内部设有避震系统（弹簧），在受力时起缓冲作用。上坡时关掉避震系统可以获得更大的推力，下坡时避震系统可以很好地保护膝关节。

（二）登山杖的正确使用方法

性能良好的登山杖有合理的设计，应正确使用。

1．腕带佩戴方法

很多人不重视腕带的佩戴，而是错误地用力抓住手柄，徒步时间一长，手部酸痛，叫苦不迭。腕带绝不是可有可无的装饰，它是登山杖的软连接，起着承重作用。

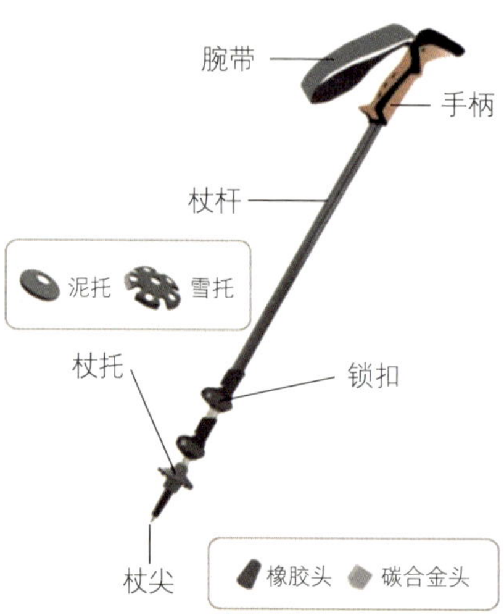

图1-4　登山杖各部位示意图

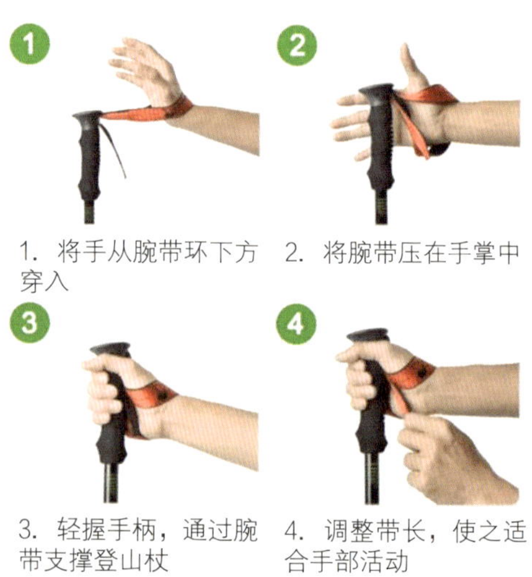

图1-5　登山杖腕带佩戴方法示意图

佩戴腕带时虎口应呈半圆形，使登山杖可以像钟摆一样前后摆动。使用时向下发力，让腕带的承力传向全身，放松并保护手腕。

2. 杖杆高度因情境而定

身高不同，应选择不同规格的登山杖，选择时最好可以试用：平地站立，手持登山杖，手臂自然下垂，抬起前臂，使前臂与地面平行，与上臂成90度直角，此时杖尖向下垂直与地面接触的长度就是平地使用登山杖的适宜长度。登山杖“能伸能缩”的设计适用于不同地形，合理利用登山杖的不同高度有助于行走效率的提高：上下坡调整登山杖高度也应满足“90度原则”，减轻腿部承重。需要注意，在调节长度时不要超过杖杆上最大调整长度标记线，否则遇到较大外力的时候很有可能会折断。

3. 杖托和保护套的合理使用

杖托的主要作用是为了防止登山杖扎入土壤中太深而难以拔出或陷入岩石缝隙中扭断杖杆。通常越松软、越不稳定的路面，越需要受力面积大的杖托。

4. 登山杖的清洁和保养

登山杖如果没有得到合理保养，也会早早罢工，所以长途远足或几次短途拉练后就应该对登山杖进行清洁保养。不同类型登山杖的拆分方法略有不同，保养时要将每段都拆分，最好根据说明书进行。拆分后用沾水的小刷子或布擦去杖上的灰尘和残留物。再用干布将登山杖擦拭干净，并放于背光通风处充分晾干。待完全晾干后按次序重新组装即可。

5. 登山杖的其他作用

登山杖在户外环境中远不止帮助行走和登山那么简单。在越来越提倡轻量化的今天，登山杖可以身兼数职，一物多用，如发挥支撑作用，两根杖可以代替衣架、三脚架等物品。长距行走劳累时还可以用来休息倚靠，放松肌肉。登山杖还可以测定方向，在太阳直射的地方将登山杖固定在地上，每隔一个固定时间段（如半小时）就在登山杖阴影的顶端做个标记。将所有标记符号连成的线即指向东西方向。

6. 使用登山杖的注意事项

（1）杖尖朝向

杖尖永远朝下，切勿杖尖冲人。即使累了拖着杖杆行走也不可以将其翘起，一旦后方队友不慎摔倒，很容易被尖锐的杖尖伤到，酿成事故。

图1-6　登山杖的使用教学场景

图1-7　高校户外领导力培训班重装徒步1

（2）禁止用登山杖拉人

表面光滑的登山杖对手掌可能出汗的被拉者很不友好。拉人时除了拉力增大，还会产生一定角度的扭力，而几乎所有登山杖的手柄处都是胶水黏合，且节与节之间连接部分的特殊设计使其抗拉强度要远低于扛压的强度。

（3）建议使用双杖而非单杖

重装徒步时必须使用双杖，因为单杖只能起到支点作用，且易造成左右不平衡，时间一久可能对双膝造成负面影响。

（4）避免登山杖断裂

除了携带杖托，在使用中还应避免侧向力量冲击登山杖，尤其碳纤维杖杆属脆性材料，纵向使用无碍，但侧面踩踏容易断裂。

五、安全徒步的关键因素

徒步说难不难，背上背包就可以出发。说容易也不容易，没有掌握正确的方法，可能会走得很辛苦，甚至还会受伤。想要走得轻松、安全，一定要注意五大关键因素。

（一）徒步鞋

鞋子可以稍微买大一些，在徒步的过程中，因为长时间行走，脚会发胀，如果鞋子太小，长时间走，就会难受。但不要大太多，因为如果大太多走路时，脚会在鞋子中滑来滑去，从而增加脚与鞋子的摩擦，脚上容易起泡。脚上起泡虽然是徒步中常有的事情，但应尽量避免。

不正确的走路姿势，可能一到两天，脚就会起泡，而良好的走路姿势，可能会大大延缓这个时间，并减少脚上的疼痛。所以买徒步鞋要比平时正常的鞋子大半码或者一码，并在出发前先做短途行走测试。

（二）护膝和登山杖

护膝和登山杖是徒步必备物品。 在长时间行走的过程中，身体会越来越热，与此同时，身上的毛孔会张开，以此来排热，而膝盖作为人体中极其脆弱和复杂的部位，必须要保护好，否则稍有寒气，就会侵蚀膝盖，轻则短时间内疼痛，长久下去则会落下病根。

（三）饮食问题

因为负重的缘故，徒步的劳动量不亚于较重的体力劳动，因此要在饮食上保持规律和营养，注意卫生安全，同时尽量少食辛辣、油炸食品，避免由于吃得不合适引起身体不适，产生不必要的体力消耗。

（四）简单的医药及运动保护常识

徒步之前要先学习一些基础、简单的医药知识和护理常识，以备不时之需。如徒步过程中若发生失眠、腹泻、食欲不振等情况，要能运用简单的备用药品来解决问题，以帮助更好地恢复体能。再如绝大多数徒步者都可能遇到过肩膀痛，主要还是因为不正确的走路姿势引起的，若调整好姿势，一天下来，虽然累，但肩膀是不痛的。徒步包有两个扣，一个在腰间，一个在胸口位置。这个设计是非常合理的，主要的目的是让重量集中在腰上，而减轻肩膀的负重。 但很多徒友刚开始因为几十千克的负重和长途的目标规划，难免心急，身体发力前倾，这时包的重量就从腰部转移到了肩膀。这样一两个小时下来，肩膀就开始痛。解决问题的方法很简单：一是买有背负系统的背包，国产的两

图1-8　高校户外领导力培训班重装徒步2

三百块的就不错；二是挺直后背，挺直的同时身体不要太紧绷，双肩放松，让脊柱自然发力，而不是靠后背肌肉紧绷发力。再就是调整好心态，不着急，以平和的心态负重前行。

（五）负重

初接触户外的朋友，负重在10～13千克即可。徒步前，最好做一个短距离负重测试。客观理性地评估自身的负重能力，根据实际情况进行调整。经过一段时间训练，在身体适应后，可以继续调整负重。

第二节　露营

一、露营的定义

露营是一种短时间的户外生活方式，通常是为了工程测绘、军事演练、旅游休闲等而特设临时的户外驻扎区，包括营帐、草棚、汽车等简易形式的短时户外居住营所。

工程测绘或军事演练露营往往有复杂的构造，细分为生活区、食宿区、通信区、指挥区等等，而旅游休闲露营多采用更方便小巧的户外装备，达到户外休闲娱乐的目的。

二、旅游休闲露营的分类

（一）常规露营

常规露营是指露营者徒步或者驾驶车辆到达露营地点，通常在山谷、湖畔、海边等风景优美且相对安全的地方，露营者可以生篝火、烧烤及开展相关文娱活动，这也是最平常的露营活动。

（二）汽车露营

汽车露营是指以汽车为交通工具而进行的露营活动。这种露营也可分为常规汽车露营与房车露营。常规汽车露营指驾驶小轿车、卡车等常规车辆，携带各种露营设备如帐篷、睡袋、防潮垫、户外炊具等在恰当地点进行的露营体验。

房车露营指驾驶房车进行的露营活动。房车本身就具备床铺、厨房、卫生间等生活必备空间设置，具备供暖或者冷气设备，也有电力供应。这样的露营方式在欧美国家已经有上百年历史，近年来在中国也逐渐兴起。

图1-9　结合皮划艇运动的汽车露营

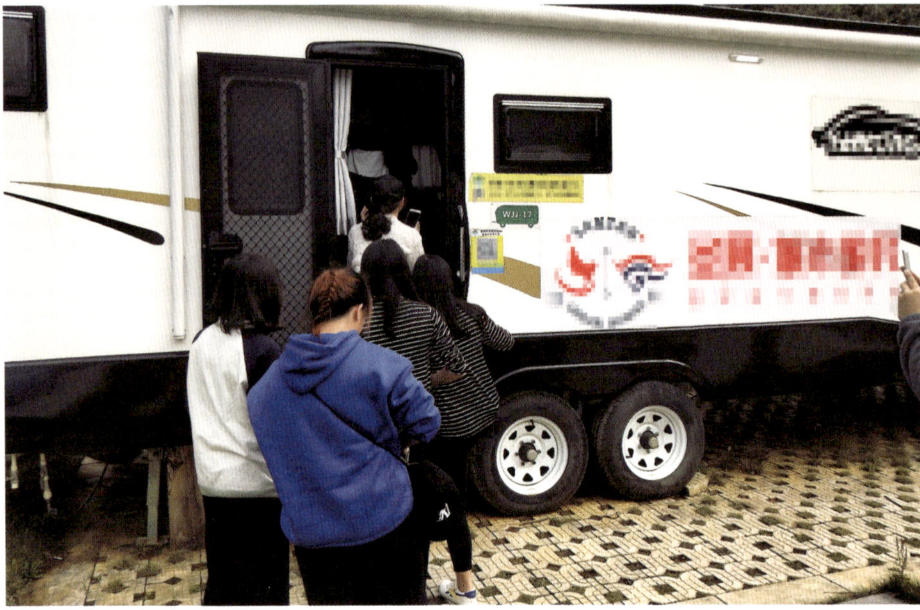

图1-10　露营车辆

三、旅游休闲露营装备

装备是基于露营活动具体情况来购买和准备的。如单人露营装备和家庭露营装备就不太一样，睡一晚和睡多晚要准备的物资差很多。是否使用私家车、车辆后备箱空间等因素决定选择轻量化装备还是舒适型重装。一般可以根据自己的需求对以下清单进行适当的调整。

（一）睡觉必备

帐篷、睡袋、防潮垫、枕头、户外折叠床、天幕。

（二）穿着用品

原则上舒适就可以，注意保暖、防晒需求，透气、耐磨、防蚊虫的更佳。

①冲锋衣裤、抓绒衣（防风、保暖、防水、透气、耐磨，适合较极端的露营环境）、防晒服、T恤。

②运动鞋、拖鞋、沙滩鞋、棉袜。

③遮阳帽、绒帽、太阳镜。

④技师手套（干粗活的时候使用，保护双手）、防烫手套（生火做饭的时候会用到）。

（三）营地车和背包

如果是重装露营，营地车是必备的，推荐轮胎比较宽、载重50千克以上的，可以非常方便地把装备从车上拖到营地，同时可以存放包包、衣物等，如果配上小桌板，又变成一张桌子。背包可以准备多个，大背包、小背包、随身包、摄影包、器材包、野餐箱。分别收纳不一样的装备，比如可以把厨具、灯具、燃料等装备放在一个包里；衣物、急救包、日常用品收纳在另一个包里。小防水包可以装手机、手电、打火机、充电宝等。这样找东西的时候不会混乱，也不会造成营地杂乱无章。

（四）炉具和餐具

户外餐食是户外露营活动中非常重要的一项内容，有多样的选择，可以很方便、简单，也可以复杂、丰富起来，享受给家人准备美食的过程。

①炉头（轻量化，体积很小，可以接在瓦斯气罐上，简单加热食物）、卡式炉（稍微大一些，可以煮火锅、炖菜，并自带收纳箱）、煤油炉、酒精炉、烧烤炉等。

②焚火架（小篝火相对安全，也相对环保）、柴炉（一般在冬天火帐中使用，能兼顾取暖和烹饪）、喷枪（可以接瓦斯气罐，点火、做饭都可以用到）、瓦斯气罐、煤油、柴油、固体酒精、防风打火机等。

③套锅（一个小汤锅和煎锅就可以满足大多数露营烹饪需求）、烤盘或铁板、三明治烤夹（早餐利器）、户外饭盒（可以明火加热做饭）、钛杯、钢杯（可明火加热烧水）、碗筷勺叉、热水壶、蓄水桶、桶架（洗手、洗菜、洗碗都非常便捷）、便携式调料瓶、保温箱（夏季露营可以存放新鲜食材）等。

（五）灯具

在野外过夜，灯具一定不能少，有条件就多带一些，会给露营之夜增添色彩。

①营地灯、充电式LED灯（可以在帐内使用，也可以挂在营区）。

②汽灯（不可在帐内使用，但是在户外，火苗跳动的感观是非常棒的）。

③油灯（不可在帐内使用，比较有格调，喜欢复古装备的可以准备）。

④串灯（挂在帐篷上很漂亮）、手电筒（备用照明，可随身携带）、头灯（晚上干活的时候可以解放双手）、灯架（用来悬挂营地灯）。

图1-11　露营活动中使用的柴炉

（六）便携式家具

如果汽车后备厢空间足够大，可以考虑携带多样、充足的便携式家具去露营，这会让整个露营体验得到极大提升。

图1-12　河边露营

图1-13　小孩拉着露营车在公园内寻找露营地

①折叠桌、折叠椅、小马扎、便携式双人沙发。

②便携式挂架（可悬挂工具、灶具、餐具等）、各种收纳箱（可以收纳物品，也可以当桌子使用）。

③折叠床（可坐可睡）。

④便携式垃圾桶（带桌面的实用性更佳）、便携式厕所（夏天还可以在里面冲凉）。

（七）其他

相机、电池、充电宝、便携音箱、洗漱包、防蚊灯、急救包、多功能刀具、营地锤、备用食品、求生哨等，可根据个人需要准备。

四、休闲露营地点的选择

（一）扎营地点的选择

扎营地点的选择要遵循几个关键词：近水近村、背风背阴、防雷防兽、远崖。

1. 近水

扎营必须靠近水源地，如选择湖潭、河流边开阔的安全地带。但也不能将营地扎在河滩上或是溪流边，尤其是在雨季及山洪多发区，一旦下暴雨或上游水库放水、山洪暴发等，就会有生命危险。与水源过分靠近的地方，也极易受到蚊虫的骚扰，而且流水声会干扰判断，危险将至也难以察觉。

2. 近村

营地靠近村庄，若有急事可以向村民求助，如发生药品、燃料等关键物资短缺或人员安全问题等情况时就更为重要。近村也是近路，方便队伍的快速行动、转移。

3. 背风

在野外扎营应当考虑背风问题，尤其是在一些山谷中、河滩上，更要选择一处背风的地方扎营。还要注意帐篷门的朝向不要迎着风向，背风不仅是考虑保暖和休息，更便于用火。

4. 背阴

如果是一个需要居住两天以上的营地，在天气好的情况下应该选择一处背阴的地方扎营，如在大树下面及山的北面，最好是朝照太阳（朝东），而不是夕照太阳（朝西）。这样，如果在白天休息，帐篷里就不会太热太闷。

5. 防雷

在雨季或多雷电地区，营地绝不能扎在高地上、大树下或比较孤立的平地上，那样很容易招致雷击。

6. 防兽

建营地时要仔细观察营地周围是否有野兽的足迹、粪便和巢穴，不要建在多蛇多鼠地带，以防伤人或损坏装备设施。要备好驱虫药品和防护措施。在营地周围遍撒些草木灰，能有效地防止蛇、蝎、毒虫的侵扰。

7. 远崖

扎营时不能将营地扎在悬崖下面，一旦刮大风下大雨，有可能造成落石或塌方，非常危险。

（二）营地建设技巧

营地选择好后就要建设营地，建设营地需要注意以下事项。

1. 平整地面

扎帐篷前，应该先将选好的营地打扫干净，清除石块、矮灌木等各种不平整、带刺、带尖的东西，不平的地方可用土或草等物填平。为了方便住宿、就餐、娱乐，还应该将营地分区，如帐篷区、取水区、用火区、就餐区、娱乐区、卫生区等。

2. 帐篷区的布置

所有帐篷应一个朝向，即帐篷门都向一个方向开，并排布置；帐篷之间应保持不少于1米的间距，在没有必要的情况下尽量不系帐篷的抗风绳，以免绊倒人；必要时可以在帐篷区外用草木灰或石灰、焦油等刺激性物质围帐篷画一道圈，设置警戒线，避免虫蛇等爬行动物的侵入。

3. 其他区域的布置

用水区应在溪流或河流上分上下两段，上段为食用饮水区，下段为清洗用水区。就餐区应紧挨用火区，以便烧饭做菜及就餐，这个区域要与帐篷区有一定的距离，以防火星被风吹起而烧着帐篷。烧饭的地方最好选择有土坎、石坎的地方，以便挖灶建灶，拾来的柴火应当堆放在活动区外或上风口处。活动及娱乐区应在就餐区的下风口处，以防活动扬起的灰尘污染餐具等物，并应距离帐篷区15～20米，以减少对早睡或晚起同伴的影响，同时注意清理场地里绊脚、碰头的东西，以免发生意外事故。

五、休闲露营注意事项

（一）制定完善的露营计划

很多朋友在旅行前都会做计划，但也有一些朋友比较随性，走到哪玩到哪，追求不确定性。但合理的行程安排、餐食准备，包括娱乐内容的提前规划都会让整个露营过程有条不紊，大大提升露营的休闲性和愉悦感。

第一次露营的朋友，可以先租借帐篷和睡垫，或者购买性价比较高、结构简单、容易搭建的帐篷。炊具、餐具、折叠椅等都可以先带家里现成的。为什么要这么做呢？因为一件户外装备自己用着是否顺手，是不是符合自己的审美，是否跟自己的消费能力匹配等都要靠自己亲身体验。即便是露营老手的推荐，那也是从他自己的使用和审美角度给出的答案。露营最终一定要玩出自己的风格和调性，无论是装备，还是户外餐食，再到露营内容，要有自己的态度。如果出去发现大家都是一样的大白帐篷，前面支个烧烤架子，每家吃的都一样，岂不是很无趣。保持风格多样性，露友之间会有更多探讨的话题。所以每次露营也是探寻属于自己风格的过程，而这个过程充满了未知和乐趣。一步一步来，更换装备是不可避免的，不需要一步到位。

（二）不要做独行侠或去太偏僻的露营地

即便整个露营团体都是新手，那也没有关系，在实际的露营过程中有朋友相互照应能使露营更安全、愉快。

家庭露营建议去正规的露营公园，基础设施相对完善，即便装备不够齐全，也能够从容应对。如果想更亲近大自然，就选择城市近郊，营地不远处有村庄是最好的，如果遇到麻烦或者极端天气，可以迅速寻求帮助。

（三）确保通信良好，避免极端天气出行

露营是去探索有趣的生活方式，不是脱离现代文明，不是荒野求生；不论怎样都必须能与外界保持联系，避免因通信中断带来的麻烦甚至危险。

露营尽量避开冬季，虽然现在有很多露友开始玩“火帐”，但这绝对不是一名新手应该考虑的。适宜的户外温度将会大大提高露营活动的愉悦度，因此

务必避开雷雨、大风、沙尘等恶劣天气。

（四）携带充足的饮用水和适当的食材

户外扎营是一件比较耗费体力的事情，有时候自己排出大量水分，却未察觉，从而出现机体脱水（高渗性脱水）症状，严重的话可能会危及生命。因此必须携带充足的饮用水。露营食材的携带也要有较细致的计划，尽可能按照时间和人数计划好总的食材用量，尽量避免浪费。

（五）妥善使用篝火，保护环境，杜绝遗留露营垃圾

虽然篝火能给露营活动增色不少，但如果因为缺乏经验引起火灾，那就得不偿失了。如果在相对开阔、没有杂草的营地，可以酌情尝试。而带走所有的露营垃圾还大自然一份清洁，是露营人的基本素养，必须做到。

第三节　溯溪

一、溯溪的定义

所谓溯溪，是由峡谷溪流的下游向上游行进，克服地形上的各处障碍，穷水之源而登山之巅的一项探险活动。溯溪是从登山运动中独立出来的，沿着溪谷逆流而上，需要视地形而进行技术性攀登，如穿越瀑布或巨石、借助绳索攀爬等。

溯溪原是欧洲阿尔卑斯山区的一种登山方式，现演变为相对独立的户外运动，20世纪60年代开始盛行于日本，70年代由日本传入中国。如今溯溪在中国也已经成为夏天非常有吸引力的一项大众化户外运动。

二、溯溪的特点和类别

一般的休闲式溯溪（多为初级溯溪）难度并不高，只要装备得当并有相应的常识，即使不常运动也会爱上这项活动。因为溯溪，你可以钻进神秘的深山

老林；因为溯溪，你要用上并不纯熟的混合攀岩技巧；因为溯溪，你必须努力学会不怕水甚至打一场艰难的水仗……溯溪活动需要同伴之间的密切配合，需要运用团队精神完成艰难的攀登，这对于溯行者是一种考验，同时溯行者也能从中得到信任和满足、一种克服困难后的自信与成就感。

（一）休闲式溯溪

休闲式溯溪是指沿着溪流峡谷漫无目的地逆流而上，路程、时间不受限制，蹚着溪水，踩着岩石，感受溪谷的清爽，在清幽宁静的山间欢声笑语，三五成群结伴而行，溯水之源，登山之巅。这种休闲式溯溪技术简单，危险系数又低，也是目前最为流行的溯溪方式。

（二）勘探型溯溪

勘探型溯溪是指在人烟稀少的区域，为了开发旅游资源或者勘探生物、水资源等，收集资料，组织人员进山沿着溪谷逆流而上的溯溪行动。

图1-14　与好友一起体验溯溪的乐趣

图1-15　开发溯溪线路1

图1-16　开发溯溪线路2

（三）竞技型溯溪

竞技型溯溪是指由地方政府或俱乐部组织，企业赞助，选择一段溯溪地组织比赛并进行相关宣传，这也是当前大多数人参与竞技型溯溪运动的一种方式。

图1-17　青少年开展溯溪活动

（四）段落溯溪

段落溯溪是指个人或团队自主选择一段溪谷，在这里可以散步、游泳、露营、垂钓、烧烤、观赏风景，没有特定的勘探或竞技目标，也不对溯行距离做特定的规定。

（五）完全溯溪

完全溯溪是指克服一切困难，利用登

山技术、攀岩技巧、野营、游泳、绳索操作、野外求生、定位运动等综合性技术进行溯溪运动的方式。完全溯溪的专业化程度高，难度较大，技术性强，需要有全面的前期准备和完善的配套支持。

此外，我们还可以把溯溪按照难度来划分为初级、中级和高级三个级别。

初级：1000米以下海拔，一天或一天半可以往返，流程起伏不大，适于新手建立信心与培养兴趣，强度及危险程度比较低。

中级：1000～2000米海拔，两天至三天行程，具有一般瀑布、水潭、峡谷地形，有一定难度且须露宿的行程均可称之为中级溯溪。中级溯溪可进一步让新手了解溯溪的实质意义，强度及危险程度较高，需经验丰富且有一定技能。

高级：指海拔2000米以上，需四五天以上行程，有高大瀑布、深潭、峡谷地形，具有高难度且须紧急露宿的溯溪行程。尝试者须技术熟练和体能良好，适合专业人士探险体验，挑战性极强。

三、溯溪的技术

除了基本的登山技能，溯溪还要求掌握攀登瀑布、判读溯溪图等技术，因此单从技术而言，溯溪比登山更为复杂，要求更高。溯溪的技术大致可分为：岩石堆穿越、横移、涉水泳渡、瀑布攀登和爬行高绕等。攀登技术的基本要领为三点式攀登，即在攀登时四肢中的三点固定，使身体保持平衡，另一点向上移动。

（一）岩石堆穿越

峡谷溪流中多滚石岩块，且湿滑难行，行走时应看准、踏稳，避免因踏上无根岩块跌跤或被急流冲倒。

（二）横移

在岩壁瀑布下深潭阻路，可尝试由两侧岩壁的岩根横移前进。岩石多湿滑，支点不易掌握，横移时须特别谨慎。有时支点隐藏于水下，此时以脚探测摸索移动，若特别困难，干脆涉水或泳渡更简单。但溯溪过程中应尽量避免湿水，一般峡谷中多阴凉潮湿，湿水以后衣物鞋子不易干，容易疲劳，脚久在水中易起水泡，所以非不得已不要湿水是溯溪的基本要诀。

（三）涉水泳渡

涉水或泳渡时，必须清楚准确地判断水流的缓急、深度，有无暗流，必要时应借助绳索保护。在溯溪过程中经常使用绳索横渡过河，涉及一系列的绳网、绳桥技术，需要全面、深入学习、演练。

（四）瀑布攀登

瀑布攀登是溯溪过程中最刺激，也是难度最大的技术。攀登前必须事先观察好路线，熟记支点，要充分考虑好进退两难时的解决办法。瀑布主体水流湍急，但苔藓少，有时反而容易攀登。瀑布攀登虽然刺激，但难度大，经验和技术要求高，不具备娴熟技术及丰富经验的初学者不要轻易尝试。

（五）爬行高绕

在遇到瀑布绝壁、其他方法不能行进时，可以考虑爬行高绕的方式，从侧面较缓的山坡绕过去。高绕时要小心，避免在丛林中迷路，同时避免偏离原路线过远，并确认好原溪流。炎热的夏天爬行高绕时要防中暑，溯溪要防摔伤、坠崖和滚石砸伤等事故。

图1-18　溯溪过程中从大石头底下穿越

图1-19　爬行高绕后岩降到溪流上继续溯溪

四、溯溪注意事项

（一）溯溪和登山的区别

登山相对来讲较宁静，考验人的耐力和毅力。而溯溪对人的均衡力及身体的协调力要求较高，一旦失误容易造成危险。所以，选择溯溪的线路时要根据人的体能情况和季节、天气、水流量等多种因素做周全考量，提高出行的安全性。

（二）避免雨天溯溪

雨天溯溪比较危险，对体能和平衡力的要求也会随着水量和路滑而增加，危险系数可能会增加数倍。一旦有人摔伤，救援工作也较为困难。连续几天的暴雨容易引发山洪或山体滑坡，原则上不要在雨天溯溪。

（三）存侥幸心理、表现欲强是发生意外的重要原因

有些人喜欢在他人面前逞能，有些人看到他人行就感觉自己也行，有些人喜欢凭经验去做某些自以为安全的动作，有些人因表现欲强而去冒没有必要冒的险，这也常导致事故发生。

图1-20　姑婆山西湾河溯溪活动

（四）尽量避免走高危线路

走高危的线路，在装备和个人能力要求上应当加倍严格，天气环境恶劣的情况下，不能存侥幸心理，拿生命去冒险。为了减少在高危线路上事故的发生，最好少召集和参与这类线路上的活动。

（五）领队的能力、安全意识不容忽视

领队首先要有较强的安全意识，在能力范围内能冷静地引导他人避险。领队最好能对所走路线熟悉，哪些处所容易发生危险，哪些处所需有人看守辅佐，哪些地方间隔不能靠得太近等，要做到心中有数。对不同的线路、人数也要有所限制和选择，对队伍的行进节奏要有所控制，拒绝装备不符合安全要求的人参与，对一些违规行为要果断制止。同行人员必须无条件服从领队的指挥。

（六）选择好值得信任的协助领队

队伍前、中、后都要有协助员，减少领队不必要的来回跑动，有效的人员

分工合作能提高工作效率，使整个队伍快而不挤、慢而不散，前、中、后队始终能够有效沟通，减少迷路、前后队脱节等事故的发生。

（七）装备到位、减少负重，做好运动后的自我保护

鞋子是最重要的，溯溪鞋子选取不好会影响速度和身体的协调力，给安全留下隐患。最好带上两双鞋，一双溯溪鞋，一双军胶或其他防滑性能较好的鞋子，以作备用。

溯溪时还要尽可能减少负重，轻装上阵。因为负重会消耗一定的体能，负重过量会影响平衡力、应急时的速度和协调能力。激烈运动后不要立刻去泡水，避免给身体留下不良后遗症。

五、溯溪装备

（一）鞋

很多户外装备是通用的，比如说衣、裤及一些配件，但由于溯溪环境有水的存在，单纯登山或徒步的鞋便不宜于溯溪。溯溪鞋主要有两类：一是封闭式网面溯溪鞋，二是凉鞋款溯溪鞋。

这两种鞋最大的差别在于鞋面的款式，有无排水孔实际作用并不是很明显。网面溯溪鞋的好处是可以更好地保护脚部不被岩石划伤，凉鞋款式的溯溪鞋更适合水路较多的溯溪活动，特别是有需要蹚着水走的路段，这样的款式更利于脚部的排水。

图1-21　封闭式网面溯溪鞋

图1-22　凉鞋款溯溪鞋

（二）包

专业的溯溪包与普通的登山徒步包无论外形还是功能，都有很大差别。溯溪包对防水性要求很高，一款好的溯溪包，不仅能够全防水，而且还要兼具良好的背负性，甚至会加入无缝衔接等工艺，顶级的溯溪包甚至用来潜水都没问题。

专业的溯溪包同时可以用在探洞、瀑降等活动中，如果你是这几类运动的发烧友，那么一款好的溯溪包必不可少，但对于普通户外爱好者来说，具有防水性的帆船包或水桶包就足够了。

图1-23　防水包

溯溪活动不宜背负太重，特别是对于户外运动初学者来说，过重的背负会让你在水中行走时重心更加不稳。如果觉得普通的溯溪包背负系统不好或应用场合太有限，骑行包是不错的替代品，在背负少的前提下，骑行包轻质和良好的贴合性是很大的优势。

如果实在不想在包上多花钱，小型徒步包加防雨罩也勉强可以吧，但最好选防水指数高的防雨罩。

（三）衣裤及手套、毛巾

1. 分体速干裤

溯溪时难免要在草丛、树林里行走，岸上行走穿长裤，避免腿部被低矮的乱枝划伤；需要下水走时，把裤腿拆下来就变成了短裤，避免裤子被打湿。

2. 速干T恤

速干是溯溪活动中最有价值的功能，速干T恤穿上清凉、排湿，是夏季户外活动必不可少的上装。

3. 手套、毛巾

上下溪谷时经常要手脚并用，树丛中也容易遇到荆棘，因此戴手套还是很有必要的。普通玩家可以用半指的骑行手套代替，这种手套大多手背处采用透气材料，手掌处有防滑设计，足以保护手部。

速干毛巾是湿身后的救星，这类毛巾材质通常比普通毛巾轻，不会增加负担。

（四）登山杖

不必另外购买，带上平时徒步与登山时用的登山杖就可以了，利用好登山杖，可以在水中更好地保持身体平衡。

（五）头盔

可以用骑行头盔或滑板头盔，溯溪活动中滑倒的概率大，周围环境又多是尖锐的块状岩石，需要对头部采取一定保护措施。

（六）绳索

建议携带专业的攀岩绳，遇到小瀑布或水势比较湍急的情况时会用到，组队出行时队员之间可以用来互助。即使是到一般的溪谷玩也建议带上几米长的攀岩绳，有备无患。

图1-24　溯溪活动中佩戴的头盔

图1-25　利用绳索爬上石头

（七）救生衣

图1-26　未成年人尤其要穿戴合适的救生衣

可以根据活动的环境选择性穿戴。不必选择那种带着浮力块的救生衣，市面上有比较轻薄的款式，穿起来更加灵活，同样适用于浮潜、钓鱼、冲浪等场合。当溯溪地的水深没过腰部时建议穿着，即使是会游泳，也不要忽略。

（八）攀登升降器材

在溯溪过程中，经常会用到上升器下降器，其中主绳最好是9～11毫米粗，能防水，能承受2000～3000千克重的物件产生的拉力；主锁主要选用丝扣锁和半自动锁，用于联结各种绳索、安全带等；安全带与主绳、主锁组合在一起，共同保护人员安全。

以上是一些大部分溯溪活动都能用到的装备，但每个人的情况不同，个人的装备应该根据活动的具体情况进行增减。另外需要注意的是，溯溪是一项更适合集体出行的活动，大家一起走，不仅安全系数更高，也更有乐趣。

六、青少年参与溯溪运动的意义

溯溪活动是一项很好的探索体验活动，不仅可以锻炼与提高个人素质，更能体验无拘无束、回归自然的乐趣，激发不断探索的好奇心。溯溪过程中常常会想要到源头一探究竟，常常想要知道瀑布上方的景致、峡谷过后的世界，于是就会一头扎进溪流的世界，时而惊奇、时而赞叹、时而沉醉。这也是溯溪运动的迷人之处。

人在自然面前是非常渺小的，没有人可以单独去向自然发起挑战。在溯溪的过程中，未知和难以意料的困难是启发个人思考和向上的动力，遇到各种障碍时，需要大家共同合作，拿出勇气来探索困难的根源，提出解决的办法，最终克服困难，发挥团队精神完成艰难的攀登。这对于溯行者来说既是一种考

图1-27　青少年初级溯溪活动体验

图1-28　笔者勘探溯溪线路行进中

验，又可以体会到彼此信任的重要性，获得克服困难后的自信和成就感。

因此对于青少年而言，溯溪是重要的户外运动之一，它可以激发青少年探索未知的勇气，提升克服困难、解决问题的能力，提高个人素质，培养团队协作能力，增强自信与成就感，塑造领袖气质。

第二章

新兴户外休闲运动项目

教育部发布的《义务教育体育与健康课程标准》(2022年版)中，除基本运动技能、体能等奠定学生一生身体素质的大项外，“专项运动技能”版块收录了六大类运动，分别是田径类、球类、体操类、水上或冰雪类、中华传统体育和新兴体育类。

新兴体育类运动项目可分为生存探险类项目(如定向运动、野外生存、远足、登山、攀岩等)和时尚运动类项目(如花样跳绳、滑板、极限飞盘、跆拳道、独轮车、小轮车、飞镖等)。义务教育增加这些新兴体育项目，旨在增进学生对不同国家和地域体育文化的了解，激发学生的求知欲与探索欲、好奇心与冒险精神等。在此背景下，本书介绍了极限飞盘、扁带运动、攀树运动、腰旗橄榄球运动等新兴体育类运动项目，以推动这些户外休闲运动项目充分发挥其在团队建设中的作用。

图2-1 体育与健康课程内容结构图

第一节　极限飞盘

极限飞盘又称飞盘争夺赛，是一项紧张激烈的团队竞技运动，却严格避免选手之间身体接触，目前在全世界有数十万计的爱好者。玩者通过各种战术方式的跑动、传递飞盘，让自己的队友在得分区接盘得分。为了赢得比赛，参与的选手必须要具备良好的体能、移动的速度、明锐的判断以及高超的控盘技巧。此运动主张和强调的是体育竞技精神和公平竞赛，激烈对抗的飞盘比赛必须建立在互相尊重、遵守规则和享受乐趣的基础上。

一、极限飞盘的起源

极限飞盘是在飞盘的基础上，融合了足球、美式橄榄球等的运动特点，起源于美国，是一项需要强体力、高技巧的运动。首位投出飞盘的人是来自20世纪初期美国耶鲁大学的大学生。耶鲁大学刚好比邻康涅狄格福瑞斯比面包公司，他们所卖的一种装在锡盘里的派也很受学生欢迎，而耶鲁大学的大学生发现锡盘可以投掷飞行并以此取乐。直到1948年，弗瑞德·莫瑞森发明了塑料飞盘后，这种受人欢迎的消遣“飞盘”才广为人知。这种塑料飞盘比其他金属飞盘和木制飞盘更耐用，而且更具飞行性。此发明带动了大批量飞盘的生产。1968年，“飞盘竞技”的想法被美国新泽西州哥伦比亚高中的乔尔·西尔弗提出，并于1969年首次在新泽西州的学生校队比赛中实行。

二、极限飞盘的特点

极限飞盘是一项团体项目，需要参赛队员的协作和配合，彰显体育运动的精神和魅力。它综合了各种运动的不同元素，有类似足球的快速跑动，篮球的传递，还有曲棍球的跑位等。其独特之处在于，在任何级别的比赛中都没有裁判，所有规则都由场上比赛的队员执行。运动员都得自觉与诚实，注意遵守规则，违例或者犯规就该承认。因此极限飞盘不仅能够锻炼身体，而且可以培养诚实守信的道德品质，这也是极限飞盘运动的精神。同时极限飞盘作为一种户外休闲运动，简单易学，兼具挑战性与趣味性，并且投资少，越来越多地被人

图2-2　以飞盘为主题的企业团队建设活动

们所接受。走出家门，拥抱大自然，在碧绿的草地尽情奔跑，呼吸新鲜的空气，也给大家带来了很多社会交流，并能结识更多不同肤色、语言的玩家。

比赛中选手除了要有攻防的技术外，也必须具备坦诚默契的团队精神、非凡的速度、持久的耐力。极限飞盘比赛在进攻和防守上不允许有身体上的接触，男女队员可以一同上场，一试身手。极限飞盘最大的乐趣在于团队合作，在于跟队员之间的默契配合。

三、极限飞盘的规则

（一）飞盘精神

我们强调体育精神和公平竞争，也鼓励比赛，但绝不会无视球员之间的尊重，遵守规则，以及享受比赛的基本乐趣。

（二）场地与人数

一个长方形场地（100米×37米），包括两个23米长的得分区。

每队至多可报名10位选手，每次上场 7位选手，也可以是5位或者6位选手。

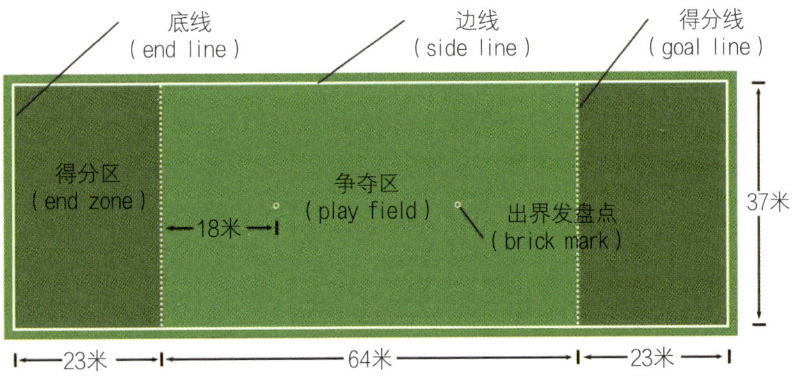

图2-3 极限飞盘场地示意图

（三）飞盘选择与开盘方式

小学组110克，初中组125克，高中组145克，成年组175克。

开局时，双方各于得分区内排成一列，守方将飞盘投向攻方，飞盘投掷出手后即展开比赛。

（四）规则解释

1. 总体规则

（1）在比赛开始前，双方队员不得越过本队防守得分区的线，不得互换位置。

（2）在攻方队员接触飞盘前，守方队员不得接触飞盘，即使盘已经落地。攻方队员可以直接接住飞盘也可以等飞盘落地或出界后开始持盘进攻，但如果是在直接接飞盘过程中使盘落地，则视为失误，由对方持盘进攻。

（3）开赛时，发盘方等攻方至少一个队员举手示意再发盘。

（4）发盘队员有权在本方得分区任意后退或前进，但不得和队员交换平行位置，同时在比赛中不得超过得分区的控制线。

（5）攻方在得分区内接到队友的传盘或守方在得分区内截获攻方的飞盘皆算得分。

解释：无论是攻方在得分区内接到队友的传盘或守方在得分区内截获攻方的飞盘，必须是身体任何部位控制住盘而不使盘接触地面，如得到盘的选手身体倒地，只要盘没有触地而且被本队员实际控制，即算成功。

2. 传盘

（1）传盘可以任何方向或航道传递飞盘，但选手在持盘后不得再行跑动。

（2）攻方持盘者须在10秒内将飞盘传给队友，守方可大声计算持盘时间。

解释：守方读秒时可以不拿秒表计时，但必须遵循实际每秒读一数原则，如果明显快于实际的每秒计时，被读秒的队员有权提出抗议，注意必须是被读秒的队员而不是其他队友。

（3）超秒持盘者在守方计时满10秒仍未出手时，则发生攻防转换，防守方获得盘权。

3. 接盘

（1）允许在跑动或跳跃中接盘，落地后须尽量控制身体完成缓冲，超过5步时必须退回超越点，并建立定位脚，此即为合法冲步。

（2）防守队员截获飞盘就属抄截，若抄截成功将立即攻防转换。

（3）若双方同时接到飞盘，飞盘当归攻方所有。

4. 攻防转换

当飞盘递交失败（如出界、掉落、拍落、拦截），双方立即攻守交换。

解释：每次攻防转换，持盘队员必须手持盘和地面接触一次，俗称磕盘。下列情况下不需要磕盘：

（1）得分后重新开盘的收防转换。

（2）直接截获对方盘且盘被控制没有落地。

5. 换人

队员替换限于比赛得分、受伤、暂停的时候，可自行替换上场选手。

得分，于任何一队得分后重新发盘前，双方皆可更换比赛选手。下半场或延长赛的展开前，双方皆可更换比赛选手。

受伤，任一方因伤更替选手时，对方亦可同时更替同数选手。比赛中合法更替选手时，对每一次更换选手的人数并无限制。

6. 接触

本项比赛禁止场上队员有任何身体接触，防守时的身体接触视同犯规。

解释1：这个规则同篮球一样原则上不允许有任何身体接触，但无意的没有攻击性的接触可视为合法。拍打攻方手中盘子及遮蔽攻方视线皆属犯规。双臂成马蹄形围绕持盘者属防守犯规，防守者与持盘者须保持40厘米距离。

解释2：实际比赛中以攻方队员一臂距测为依据，如果攻方队员认为守方队员距离过近可伸出手臂示意，但不可有故意推搡动作，否则视为犯规，警告一次，累犯则交换进攻权。

7. 犯规和失误

所有的犯规必须要大声喊出，听到犯规声后，所有的队员必须停止动作并站在原地，双方协商此犯规判罚，但必须是被犯规的队员喊出，如果其他队员喊出，视为故意干扰比赛，攻防转换。进攻队伍传飞盘时若没能够成功地传给另一位队友（出界、没接住、被对方挡下、被对方抄截），防守队伍就有权拿飞盘然后攻防立即转换。如果是故意干扰比赛以获得利益，视比赛情况从警告直至判对方得一分。

图2-4 公共体育课中利用飞盘目标框进行练习

图2-5 日常课堂比赛

图2-6 传盘、防守

图2-7 双手接盘瞬间

图2-8　得分区内争抢飞盘

图2-9　在五人制足球场内体验飞盘运动

四、国内飞盘运动产业的发展状况

飞盘看似新鲜事物，实际上早在20世纪七八十年代就已来到中国。

（一）飞盘运动有望成为全民健身爆点项目

作为一项原本的小众运动，飞盘运动正在“破圈”走向大众，尤其在一些一、二线城市，年轻人已经把这个专业运动变成潮流运动，多个城市都有相应的飞盘社群。

飞盘运动之所以爆火，很大程度上是因为一张小小的飞盘给了男女老少们走出家门、亲近大自然的机会。飞盘运动让大家亲近大自然，还可以与露营等户外活动结合起来。

图2-10　郊游亲子活动中体验飞盘运动

图2-11　夏令营中青少年体验飞盘运动

图2-12　贺州学院飞盘课程中接盘训练

图2-13　训练中的单手接盘

（二）飞盘有望“入奥”，在校园普及

飞盘运动有望进入2028年洛杉矶奥运会项目，这也被不少业内人士视为推动国内飞盘产业发展的一个契机。

根据国际奥委会规则，东道主可以提议新项目加入奥运会。飞盘运动起源于洛杉矶，世界上第一块商业售卖的飞盘也出现在洛杉矶。飞盘运动在洛杉矶有很深厚的群众基础，从普通健身项目到职业俱乐部，都有相应的飞盘人群。

如果能顺利“入奥”，将一次性地扩大飞盘运动的影响力，调动官方和民间更高的组织和参与热情，为产业发展提供基础。

图2-14　学校开展飞盘运动教学活动

对于国内飞盘赛事来说，2019年是一个重要的时间点。在这一年，国家体育总局社会体育指导中心将飞盘项目纳入管理，并且在上海成功举办了世界飞盘联合会2019年亚洲大洋洲飞盘锦标赛，这是国际性飞盘赛事首次在国内落地。2025年，世界运动会将在成都举办，作为世界运动会热门项目之一，国际性飞盘赛事将再次来到中国。

《义务教育课程方案和课程标准》（2022年版）颁布后，不少飞盘圈内人士感到欣喜：在“体育与健康课程标准”板块，“极限飞盘”（团队飞盘）作为“时尚运动类项目”入选。飞盘运动非常适合在校园中、在学生群体中推广普及：男女生可以共同参与，不设裁判，使学生学会在运动过程中自主沟通，学习情绪控制等。

（三）飞盘团建在国内户外俱乐部的开展情况

团队飞盘曾被《纽约时报》评为世界上发展速度最快的运动。团队飞盘由于运动本身的新奇、活泼、变化、具挑战性、没有场地限制等诸多特点，是一项严格要求无身体碰撞的对抗型竞技运动。飞盘运动很独特，因为它要求运动

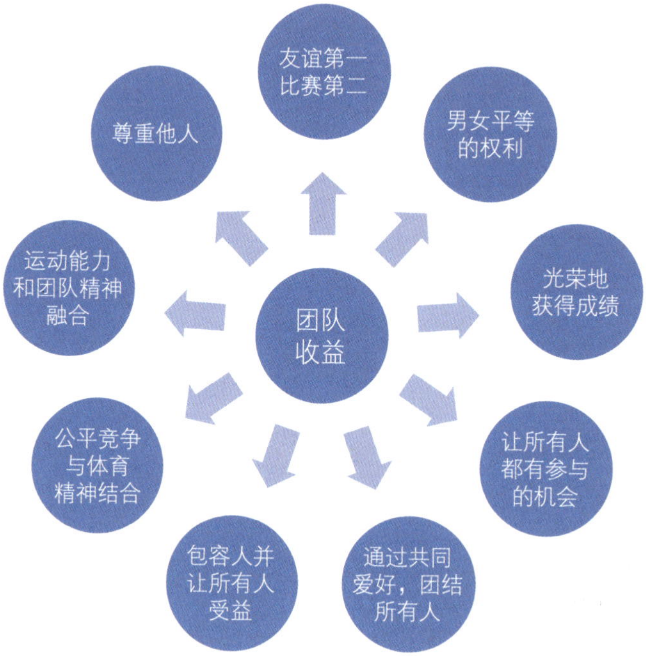

图2-15　飞盘团队建设中的收益示意图

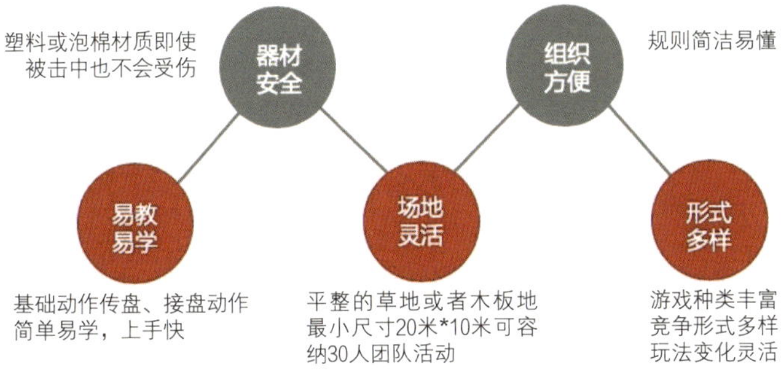

图2-16　飞盘运动在团队建设活动中的优势示意图

员自己在场上进行裁决。若有争议则互相讨论解决。要实现这种裁判方式，运动员之间必须相互尊重，并尊重他们做出的裁决，这种尊重被称为“团队飞盘的精神”。团队飞盘运动让很多平时并不擅长体育运动的学员也十分喜爱这个项目，因为他们知道这并不是一个单纯依靠体力而是充满智慧和勇气的项目，每个人都能找到自己擅长的位置。

因此，各大户外运动公司，为了丰富自己的产品内容，增加客户的可玩性，增强体验感，最近两三年也在飞盘上下功夫，以“体验式”为核心，增强飞盘的趣味性和实践性，飞盘飞靶、飞盘九宫格、飞盘保龄球、飞盘投篮等非传统玩法逐渐被开发出来。更有俱乐部经营者以飞盘为主题，设置了多样化的飞盘团建活动。

五、新编飞盘游戏八则

（一）飞盘翻翻乐

游戏方法：在固定区域内（如篮球场、足球场中圈等），分成人数相等的两组——A组和B组。飞盘数和人数等同，A组负责将飞盘正面朝上，B组负责将飞盘反面朝上。每次游戏时间2分钟左右，比较A、B两组哪组完成得多。

游戏建议：在游戏时为了避免飞盘移动，可以将飞盘放在敏捷圈里，不得将飞盘拿离敏捷圈，与飞盘接触时间不能超过2秒。在实际游戏时，飞盘的摆放可以根据场地大小，兼顾练习密度的同时尽可能地充分利用场地。如果人数较少时可以采用折返跑的追逐赛，一人将飞盘翻过来，后面学生在前面学生翻过第二个飞盘后出发，将飞盘翻正，尽可能追到前面的学生，以此类推。

（二）你追我跑

游戏方法：两人一组，相距2米站立，在两人中间放置一飞盘。两人进行“石头、剪刀、布”的游戏，赢者迅速向后跑出3.5米×8 米的长方形“得分区域”，输者迅速捡起飞盘，手持飞盘追击赢者，在“得分区域”用飞盘触击对手，则得一分；反之，对手得一分，比谁在规定局数得分多。

游戏建议：在游戏时可以充分利用足球场上草地的不同色块，也可以用标志盘、标志桶等规定区域。跑的时候只能从“得分区域”的端线跑出，从两边线跑出判对方得分。在追击的时候只能手持飞盘触击跑者，且触击时飞盘不能脱手。

（三）双脚夹盘跳

游戏方法：5人一组，分别站在直径4米左右的圆外四个点上，当圆内的人喊开始后，站在圆外的人迅速双脚夹盘在圆外逆时针方向跳到下一个点上，最后完成的人与圆内的人交换。以此类推，进行游戏。

游戏建议：为了固定圆外人的位置，可以在圆外四个点上放置敏捷圈，如果在夹盘跳的过程中飞盘掉落，则从掉落位置迅速捡起，双脚夹盘继续游戏。

（四）喊号回收

游戏方法：5人一组，每组人员一一对应一个序号，如1～5。在人员身前20～30米处放置一呼啦圈，呼啦圈里倒放标有序号1～5的飞盘，不按顺序摆放。在人员与呼啦圈之间等距离放置5个敏捷圈，将5个敏捷圈进行1～5标记，随机喊号开始游戏，如“35142”，则此时每组3号人员首先迅速向前跑去，找到3号飞盘，并将其放在3号敏捷圈里，迅速回到起点并与5号击掌，5号出发，以此类推，进行游戏，比拼哪组率先完成。

游戏建议：在进行该游戏前可以组织人员进行分解游戏练习，可每次只喊一个数，如“2”，让人员对游戏有所感知后再进行完整游戏。

（五）击落飞盘

游戏方法：3人一组，一个飞盘，一人在直径4米左右的圆里，两人在圆外。圆外人员需要将飞盘通过圆形区域传给同伴，圆里的人员需要阻止飞盘穿越圆形区域，可以截击或者击落飞盘的方式进行，当圆里人员完成截击或击落飞盘后，与圆外人员交换位置。

游戏建议：为了提高练习效果，要求圆外人员每次持盘时间不超过5秒，且飞盘飞行高度不超过持盘人身高。

（六）飞盘连连飞

游戏方法：两人一组，间距1～2米，相向而站。听到开始信号后，迅速向15～20米的终点方向移动，在此过程中不准持盘移动，飞盘落地需重新从起点开始，比拼哪组最快到达终点。

游戏建议：该游戏可以充分利用场地上现有的线，如跑道分道线等。在开始练习阶段可以逐步进行原地、左右移动、快速移动传接盘的过渡练习。

（七）穿越火线

游戏方法：分为两组，每组选出3名“勇士”，通过手持体操垫依次穿越对方组成的密集雷区。持盘者将飞盘击中体操垫则得分，比拼哪组“勇士”穿越火线后中弹数量少。

游戏建议：“勇士”在穿越火线时手持体操垫护住头部，该游戏适合在学习飞盘技术后的巩固性练习阶段。

（八）飞盘跑垒

游戏方法：5人一组，其中4人分别站在边长为4米左右的正方形的角上，起点人员手持飞盘。听到开始信号后，站在正方形4个角上的人开始依次进行传接盘；第五个人在正方形外进行快速跑，人和盘比拼回到起点的速度。

游戏建议：在实际操作时，可在正方形的4个角放置4个敏捷圈，传接盘时必须有一只脚踩在敏捷圈内方有效。传接盘者不得阻挡跑外圈的人，注意安全。

第二节 攀树运动

一、攀树运动概述

攀树运动是一项必须穿戴安全装备通过绳索、绳结、器械，配合身体四肢，运用上升下降、行走、跳跃，在树木之间进行攀爬的运动。它可用于康乐攀爬、科学研究、树木工作等，还可以结合帐篷、木屋、吊床、溜索等多种形式的户外元素。

攀树运动目前分为职业攀树和休闲攀树两种，前者主要指攀树师和树艺师，也就是“树木医生”与“树木侦探”，专为大型树木做修剪和检查以及对大型树木损害性和致灾性等做评估。后者主要为一项锻炼身体、培养探索技能的户外运动方式。

攀树不是爬树，爬树是用两腿盘树，双手交替攀缘上升，如果树干粗一点，两腿就无能为力了。攀树是类似攀岩的运动，真正的攀树运动有与攀岩类似的专业装备，它以一套绳索与吊带为主、其他攀登器材为辅，在操作时全套系统可同时保护人与树的安全。如果说攀岩的意义在于挑战和战胜自我的话，

图2-17 笔者参加攀树培训班

那么攀树更重在亲近自然、释放自我。攀树活动不仅是一项多功能的户外活动，也是学习与大自然相处之道的方式。在19世纪的北美和英国就有一些零星的、个人的攀树活动，直到1924年美国康涅狄格州树木保护和检查委员会召集一些从事树木工作者及研究人员举行美国遮阳树会议（The National Shade Tree Conference），会议讨论遮阳树的相关问题及解决方法。会议通过讨论决议收集树木保护管理的信息，并提供宣传途径。至此出现了以管理和保护树木为目的的攀树组织。1976年，为了更加准确地反映它的规模和行业范畴，该组织改名为国际树木学会（International Society of Arboriculture）。

二、攀树运动在我国的发展

全球最大的攀树赛事 ITCC（世界攀树锦标赛）受到来自世界各地的攀树高手、攀树爱好者、树艺师、产品制造商、销售商、学者等的关注和参与。攀树运动在我国属于新兴户外运动。2012 年，厦门大学开设攀树运动课程，引起社会极大反响；2015 年，攀树运动的相关商业机构成立，标志着攀树作为一项户外体育项目进入快速发展阶段；2017 年，国内首个国际性攀树交流赛事在厦门举行，其依据 ITCC 的办赛标准，汇聚全球攀树达人同台竞技，中国攀树运动得到了突破性发展。2018年，厦门国际攀树邀请赛举办，在提升全国攀树技术水平及安全水准的同时，推广林木生态保护知识。

在国内，由于攀树运动传入的时间比较短，攀树的技术大多数是参考其他攀登类项目。加上了解这项运动的人数还较少，人们对攀树运动的认识不够，因此攀树运动在国内还属于小众运动。我国的城市公园和校园大都是移栽可供观赏的大树，真正能够用于开展攀树的树木资源比较少，因此国内开设攀树课程的学校也屈指可数。2012年10 月厦门大学首次开设了攀树运动作为公共体育选修课；2016年11月西北大学将攀树运动作为技能板块纳入研究生体育选修课程“户外运动课”中；2020年贺州学院也在社会体育与管理专业中的户外方向班级中开设了攀树课程，2022年社会体育与管理专业的人才培养方案中增加攀树专业选修课。

同时，在中国知网、维普等检索网站上，关于攀树运动的研究也有逐年增长的趋势。

图2-18　户外俱乐部开展的攀树体验活动

图2-19　青少年参加攀树体验活动

三、攀树的装备与技术

攀树装备都必须符合国际攀树安全标准，目前在国际上公认的攀树装备安全标准为美国国家标准协会（ANSI）公布的标准。并且这些装备在生产出厂前必须经过安全检测。

（一）攀树绳

攀岩、速降等用绳不可用于攀树，攀树绳必须具有足够的强度、耐磨性以及伸展度，直径11～13毫米。大部分攀树绳用聚酯纤维制成。

（二）攀树头盔

攀树头盔必须具备很好的稳定性，并有通风孔设计，还可安装听力保护装置和面罩、头灯。下巴系带的设计可以减少冲坠中头盔掉落的风险。

（三）攀树安全带

标准安全坐带有：设计巧妙的悬挂系统，可将身体负荷合理分配到臀部和腿部；符合人体工程学的舒适背垫，保证运动中不跑位；可调整装备环，如腰环和腿环的快开扣；腰部与腿部的连接带可做救援用途和调整腰部支撑。

（四）攀树手套

攀树的过程中，为了防止受伤，建议佩戴防滑手套。

（五）攀树技术

攀树技术具有系统性，主要包含：检查个人防护装备以及装备的使用；绳结学习、辨识树健康状况与常见症状；如何选择适合的枝丫挂绳；独立安装树木保护器及攀树绳；学习“手脚推进法”“身体推进法”等，攀爬不同形态、高度、种类的树（至少攀至5米高度站稳、三点支撑）；学习使用安全短绳、枝上行走、树上定点摆荡、树上度量攀树绳长度以及安全下降等；学习使用抛绳结、挂绳上树；学习隔空取绳，取回离手1米以上的攀树绳；利用抛绳以及攀树绳安装树木保护器等。

四、攀树运动的安全性事项

据国际攀树组织（TCI）调查显示，攀树运动具有较高的安全性，其安全纪录情况非常好。为什么攀树运动如此安全？因为攀树拥有一整套系统的安全指南，在攀树过程中，所有人都应当遵循安全指南中的事项。

每个攀树者在尽情享受攀树乐趣的同时，应当履行关心树木、爱护树木的责任和义务。林间的树木和寄生物是非常脆弱的，我们要尊重并善待它们，切不可将它们当作障碍物全部清除。如此简单粗暴地对待树木，你和树木都将会受到伤害。

1. 不要脱离绳索

在攀树过程中，任何时候都不能解开身上的绳索，因为无法预料的情况随时有可能发生，例如突然刮来的强风或野生动物的攻击。

2. 选择一个好天气，远离电线装置

千万不要在寒冷天、下雪天、持续的高温天攀爬树木，一旦遇见暴风雨将至前的电闪雷鸣，请立即离开树木寻找安全的遮挡处。在攀爬前，请一定要做全面的检查，以确保攀爬区域内没有导电体。

3. 接受专业的攀树培训，攀爬前请检查树木

错误的、非专业的攀爬行为是非常危险的。请在专业攀树教练、经验丰富的攀爬者的帮助和指导下攀爬树木，最好上树前接受专业的攀树培训。如果树木有明显的受损、断裂、腐朽，请不要攀爬，并及时向林业工作者反馈情况。

4. 必须全程佩戴头盔，不要穿戴腿尖装置

无论攀爬者经验如何，都必须佩戴头盔，以保护头部不受断落树枝和其他物体的伤害。

攀爬过程中，腿部的尖状物有可能携带着有害的真菌、细菌、病毒，一旦刺破划伤树木将可能导致树木死亡。刺破的树木即便愈合，也要经过很长时间。只有专业的树木工作者在修剪、清理树木时才可以使用腿尖装置。

5. 使用树木保护器

如果没有安装树木保护器，绳索的移动将损坏枝干上的树皮层，从而有可能对树木造成致命性的伤害。请在每一棵攀爬的树干上安装树木保护器，尤其是在攀爬榉木、桉树、梧桐

图2-20　亲子攀树体验活动

树、无花果树时，这些树木受伤后很难痊愈。

6. 攀爬老树时要当心

攀爬古老的大树时，请小心那些寄居在树上的苔藓、稀有的植物群落，一不小心的失足滑动，有可能摧毁上百年形成的植物群落。

7. 不要随意修剪枯枝

只有经过专业培训的修剪师才能在树上修剪树枝，如果必须修剪、切割树枝，请确保树下及周边没有其他攀爬者。

8. 远离巢穴和动物、保护地表植被

如果靠太近，将会受到巢穴动物为了保护幼崽和领地而做出的防御性攻击。

准备攀爬上树时，有可能会破坏脆弱、稀有的地表植被，可以选择一个定点的上树路径，在树木周围铺上覆盖层，避免直接踩踏植被。

第三节　扁带运动

一、扁带运动的起源

扁带运动也叫走绳，英文名Slackline，即行走于固定在两点之间的扁带之上，保持身体平衡，甚至完成各种技巧动作。

扁带运动最早起源于攀岩者在露营地打发时间时的游戏，他们在两棵树之间用一些攀登用的简单装备，把攀岩常用的扁带固定拉紧，然后站在扁带上保持平衡，甚至行走、转身，用以提高平衡能力。使用的绳索一般为50毫米宽、3毫米厚的尼龙扁带。它可以作为攀岩者的训练项目，用来提高攀登平衡技术，是一项独立的极具挑战的平衡运动。

扁带运动还有个规则，就是行走时不能使用平衡杆等任何辅助器材来协助平衡。只能赤手空拳，依靠自身肌体的扭曲及手臂的摆动来调节重心、维持平衡。所以它对走绳者的考验也就更加严格，这也是它最具魅力、最精彩的所在。

其实走绳在中国早已有悠久的历史，是中国轻功必练之项目，是随轻功练习者继跑山、跑缸、走箕、跑沙、走桥之后的晋级练法。现实中虽极少有

图2-21　日常扁带体验活动1

图2-22　日常扁带体验活动2

高人掠水而过，但经过练习可以在各个崎岖的支点上不停跳跃的人还是有所见的。

二、扁带运动的类型和益处

现在，走扁带已经发展成一项完全独立于攀岩的户外极限运动，被无数的攀岩和非攀岩者所热爱，并逐步形成了两种运动形式：一种就是比较安全、简单、有趣的“技巧性走扁带”，技巧性走扁带的高度一般不超过1米，无需额外保护；另一种就是高难度的“极限高空走扁带”，扁带距离地面的高度有几十米至上百米不等，需要额外保护，例如系上安全带。

“技巧性扁带”一般固定在相距10米左右的两棵大树之间，离地高度0.5米左右，由于固定比较简单，所需装备较少，安全性高，趣味性强，在国外已经非常普及，并且有专门的俱乐部和专用器材。众多高手不但可以轻松地行走于扁带之上，还可以完成转身、打坐甚至跳跃、空翻等极限动作，乐趣无限。

“极限高空扁带”对技术和胆量有着更高更严格的要求，在充满刺激的同时，还有很多无法预知的状况。

练习走扁带可以提高平衡能力、协调能力、反应能力，增强腰腹控制力（经常练习，还可以减少腰腹赘肉，达到塑形的效果），还能让练习者更专注从而增强意志力，有类似瑜伽的锻炼效果。同时，对于攀岩者来说，走扁带又是一项十分有趣的辅助性训练运动。

走扁带已由一种极限运动转化为一种健身塑形运动。初学者可用50毫米宽、3毫米厚的低空运动扁带，该扁带相对较宽，延展率更高，更适合健身，趣味性更强。走扁带是一项老少皆宜的运动，尤其适合小朋友，既可满足小朋友的好奇心，又可锻炼其平衡能力和胆量，以及相互合作的能力，特别是和父母之间的合作与信赖。一条窄窄的扁带，50毫米的宽度，50厘米的高度，置于两棵大树之间（或任意两点之间），起初可能感觉是不可能完成的任务，但在他人的协助下，经过一小会儿的练习，竟可以站上去，甚至行走，可以极大地培养小朋友的自信心。

图2-23　扁带运动体验中身体失去平衡后的调整

图2-24　走扁带时脚步动作的细节

三、扁带运动在国内的发展状况

国内的扁带运动多在景区内举行邀请赛，主要目的是以炫酷刺激的高空扁带表演吸引眼球，扩大景区知名度，目的性较明确，影响力相对有限。扁带运动在中国的历史性转折，始于2017年初中国登山协会对扁带运动的正式立项。2018年，中国登山协会推出了全新赛事——全国扁带锦标赛。作为代表我国扁带运动最高级别、最高水平的全国性赛事，在我国扁带运动发展过程中具有里程碑式的重大意义，意味着国内扁带运动朝着更专业、更规范、更高水平的方向发展。

第四节　腰旗橄榄球

一、腰旗橄榄球简介

腰旗橄榄球是源于美国国家橄榄球大联盟的一项大众化运动，它将美式橄榄球的基础规则和技巧介绍给全世界8～14岁的青少年。与正式橄榄球运动相比，腰旗橄榄球规定不允许抱人和推人，取消了攻防锋线，所有球员均为合法接球人。防守方拉下持球进攻球员腰带上的一条腰旗，进攻即被阻止，用拔旗取代擒抱作为防守持球人的方式，规则上禁止冲撞和故意阻挡，是一种安全的“非冲撞性”运动，身体对抗激烈程度与篮球相当，适合全年龄段人群参与，男女老少皆宜。

腰旗橄榄球又保留了橄榄球运动的团队协作性，同样有攻击和防守，有跑位、四分卫，也需要打掩护、假动作，即便人数减少，也不影响体验橄榄球这一“草地国际象棋”的魅力。就像运动版的剧本杀，场上教练会给队员布置一个身份，不同位置的体验感不一样，进攻更纯粹，防守则需要考虑周全。

二、腰旗橄榄球的角色和位置

什么样的人适合参与腰旗橄榄球运动呢？首先来看看球场上的不同角色和

图2-25　发球练习瞬间

图2-26　腰旗橄榄球日常训练中的争抢球

位置。

四分卫是球队的核心人物，负责制定每次推进的计划和传球。一个四分卫不仅需要有冷静的头脑、快速的反应，还需要能够送出高质量的传球。

外接手，负责接四分卫传出的球，是实现每一次进攻的重要位置。跑动接球是训练的重头，外接手的水平很大程度上决定了球队的进攻强度。

跑卫，顾名思义，需要持球快速跑动突破对方的防守。速度、加速度、变向能力，都是跑卫的重要技能。一次出其不意的跑卫进攻能够带来球场上最为戏剧性的得分。

三、腰旗橄榄球的比赛规则

腰旗橄榄球比赛在73米×27米的标准场地中进行，双方队员在经过掷硬币选择优先进攻权后，每队拥有四次进攻机会，在四次进攻后若球能够传过中场，则又可得到四次进攻机会，在这四次中如果进攻失败，则双方进行攻守转换。参加腰旗橄榄球的每队有五名队员，身在不同的位置：四分卫、中卫、跑锋和外接手，他们通过掩护、配合、熟练的传接球技巧，制造达阵机会，最终

图2-27　四分卫持球练习

图2-28　外接手接球

图2-29　跑卫突破

图2-30　初中生日常交流赛

达阵得分。与正式橄榄球运动相比，腰旗橄榄球规定不允许抱人和推人，是一种安全的“非冲撞性”运动，在世界三十多个国家的青少年中广为流行。当美式橄榄球需要通过擒抱来阻止对方进攻时，腰旗橄榄球只需要通过扯下对方腰两侧所挂的腰旗就可以达到同样的目的，因此是一种保护青少年的安全运动，父母们也不用担心自己的孩子在这项运动中受到伤害。

全世界有无数的孩子正在享受着腰旗橄榄球运动给他们带来的快乐，就像街头足球、篮球一样，玩这种橄榄球其实并不需要多大多正规的场地，随便找块空地，画上达阵区，找两条带子别在腰间，孩子们就可以玩了。比起正式橄榄球，它的规则和战术都要简单得多，但这并不表示队员就不需要动脑子。他们仍然需要灵巧地闪躲和默契的配合，团队的协作在橄榄球运动中尤为重要。

图2-31　中学腰旗橄榄球队

四、我国腰旗橄榄球运动的发展情况

上海、北京、广州已越来越常见腰旗橄榄球联赛，中学生们在这个游戏里玩得不亦乐乎。在一次次的进攻中，他们为了推进的每一码而雀跃欢呼，他们为了每一次的达阵兴奋得满场奔跑拥抱。很多学生的家长说起孩子自从玩橄榄球后的变化更是满脸喜悦，看着自己原本内向的孩子在球场上生龙活虎地抱球奔跑，他们也兴奋地在场边为球队大声呐喊。

其实橄榄球也与足球、篮球一样，它有着足够的吸引力让一大批中国人认识它、爱上它，孩子们眼中的腰旗橄榄球就是一种好玩的游戏，他们从中享受奔跑，也享受成功，每一次进攻和受阻都能让他们变得更加坚强。

腰旗橄榄球以其简单易学的规则和灵活多变的战术深受青少年的喜爱。从2003年起，腰旗橄榄球运动陆续在上海、广州和北京近百所中学中展开培训和联赛。经过历时八个月的激烈角逐，北京首师实验学校终于赢得最后的胜利，代表中国首次出征2004年8月在加拿大举行的腰旗橄榄球世界杯。中国代表队首次亮相世界杯就有骄人表现，以战平德国队、战胜韩国队的良好成绩获得第9名，获得高度评价。

第三章

新兴户外水上休闲运动项目

凡是在水上进行的体育项目，均可称之为水上运动。从徒手戏水征服自然，到利用器材装备挑战风险，水上运动不断发展。水上运动主要是指赛艇、皮划艇、帆船、帆板、潜水、摩托艇、滑水等，以及由此派生出来的新兴水上运动项目。

水上运动一般是在优越的天然环境里进行的，可使人们充分体验阳光、空气和水这健身三要素的韵味，已成为健身运动的新时尚。半个世纪以来，水上运动的发展迅猛异常，新项目不断涌现，传统项目一再更新，在一些发达国家已相当普及。

为了加强对水上运动项目的管理，国家体育总局（原国家体委）专门设立有水上运动管理中心。该中心是赛艇、皮划艇、帆船、帆板、潜水、滑水、摩托艇等运动项目全国性单项运动协会的常设办事机构。该中心负责管理的项目已建立多个全国性单项协会，如中国赛艇运动协会、中国皮划艇运动协会、中国帆船帆板运动协会、中国水下运动协会、中国滑水运动协会、中国摩托艇运动协会等。随着我国体育改革的进展，水上运动的市场开发已经起步，各种水

图3-1　龟石水库皮划艇活动

上运动场所，各项俱乐部广泛发展起来。

笔者从工作的实际出发，结合多年来组织开展各种水上运动休闲项目的实践经验，挑选部分水上休闲运动项目进行分析，希望为高校开展水上休闲运动项目的教学提供一些参考，同时，也为体育俱乐部发展水上运动项目、满足民众对水上运动的消费需求，在不破坏绿水青山的前提下实现经济的快速发展，有效实现体育产业转型升级提供参考。本章主要介绍皮划艇、桨板、加拿大划艇。

第一节　皮划艇

一、皮划艇运动简介

皮划艇运动作为一个体育项目来说，相对比较“年轻”，尽管对于这类船只的使用可以追溯到石器时代：人们需要依靠简易但易于操作的船只进行交通、贸易和旅行，这就是皮划艇的起源。皮划艇分皮艇和划艇两个项目。皮艇起源于格陵兰岛上因纽特人所制作的一种小船，这种船用鲸鱼皮、水獭皮包在骨头架子上，人坐在皮艇里面，用两端的桨叶划动，用脚蹬舵来控制方向。划艇则起源于加拿大，因此又称加拿大划艇（也称加拿大独木舟）。实际上，这两种艇都是从独木舟演变而来的，因此日本、韩国、朝鲜等地都把皮划艇称为独木舟。到19世纪末，皮划艇运动已成为欧美各国广泛开展的一项体育活动。本章节主要介绍皮艇，我们统称皮划艇。

（一）国际皮划艇联合会及相关赛事

国际皮划艇联合会简称国际划联（ICF），1924年1月20日成立于丹麦哥本哈根。如今，国际皮划艇联合会包含来自五大洲的100多个成员国。在1924年巴黎奥运会上，皮划艇比赛是表演项目。到了1936年柏林奥运会，皮划艇正式成为永久性比赛项目。

除奥运年外，每年举办皮划艇世锦赛，自2013年开始，每年举办世界青年锦标赛（15～18岁），并且每年举办三站世界杯比赛。

（二）主要皮划艇项目简介

1. 野水皮划艇

野水的主要特点就是波涛汹涌的水面或海面，有急流。野水皮划艇有两种不同的比赛：一种是长距离或经典赛事，大概3公里；另一种是短距离冲刺，大概800米。都分为K1、C1和C2三个项目。

2. 静水皮划艇

静水皮划艇比赛的目标是运动员以最短的时间划行通过确定的且没有障碍的航道。运动员在笔直的航道中比赛，比赛的距离为200米、500米、1000米或5000米，5000米的比赛可以设置环形的航道。静水皮划艇项目包括皮艇和划艇。

3. 皮划艇激流回旋

在激流回旋比赛中，运动员必须在急流和回流中控制船艇，并且按照规定的顺序穿越赛道中设定的门。激流回旋的比赛航道长约250米，并设有19～25个门。触碰门将被罚时2秒，错过门将被罚时50秒，在选手完成比赛的总成绩中加时。在皮划艇激流回旋项目中，K1和C1项目分为男子和女子，而C2项目只有男子参加。

4. 皮划艇马拉松

皮划艇马拉松是长距离的皮划艇项目，航程大概持续3个小时。在皮划艇马拉松比赛中，比赛选手在指定的长距离航线中进行较量。航道中有几个由赛事组织者指定的点，比赛选手必须在这些指定的点下船，并搬运自己的船艇至下一个指定点，然后重新入水比赛。

5. 皮艇球

皮艇球是一种观赏性较强的团队比赛。皮艇球队每队5人，将球打入网中得分，一队比另一队得分高算获胜。运动员划着皮艇，在指定的场地里比赛。

6. 龙舟

龙舟在亚洲有着悠久的历史，龙舟是一种大型船，可容纳20名桨手。传统龙舟最多可容纳20名桨手、1名鼓手和1名舵手。小型龙舟有10名桨手、1名舵手和1名鼓手。与静水皮划艇类似，龙舟比赛有200米、500米和2000米的比赛航道。

7. 自由式皮划艇

自由式皮划艇，运动员要在激流中进行运动。桨手需要展示其对船体的操控技巧并在波涛中保持对艇的操控至少30秒。自由式皮划艇包括K1、C1、公开C1级和Squirt级。由裁判对运动员的技术和技巧打分，累积得分最多的选手获胜。

8. 残疾人皮划艇

残疾人皮划艇为残奥会比赛项目，使用静水皮艇和稳定的有舷外支架的皮划艇进行比赛。官方用艇为K1、K2和V1、V2。比赛距离为200米，使用皮划艇静水比赛航道。运动员根据他们动作受限制的程度进行分级，与同自己相似的运动员进行比拼。

9. 海洋皮划艇赛

运动员使用海洋皮划艇或冲浪橇在海洋中冲浪的一种运动。海洋皮划艇是一项很受欢迎的项目。任何可冲浪的沙滩都能举办其赛事。

10. 有舷外支架的皮划艇

有舷外支架的艇在太平洋岛屿非常受欢迎。它分为单人艇（V1）、双人艇（V2）和六人艇。在六人艇中，最后一位桨手作为舵手和领航员。单人艇（V1）和双人艇（V2）是残疾人运动员的官方用船。

11. 风帆皮划艇

风帆皮划艇有着悠久的历史和深厚的传统，尤其是在太平洋岛屿。在欧洲，较早就有人尝试将皮划艇装备上不同类型的帆，但是直到20世纪30年代，才有特定规则的国际风帆皮划艇比赛举行。

12. 旅行皮划艇

除了竞赛，还有一个完全不同的项目，即皮划艇旅行，为参与者沿海岸、湖泊和河流进行探险和旅行提供了更广阔的可能性。历史上著名的皮划艇旅行者就是约翰·麦格雷戈，一位苏格兰律师，他在1865年设计了自己的船艇RobRoy号，并使用它进行全世界的旅行和探索。

（三）中国的皮划艇运动历史

早在2000多年前，中国就有了与皮划艇运动十分相似的“划龙舟”比赛。现代皮划艇运动是于1930年前后传入中国的。英国人首先在上海设立了“划船总会”，后来俄国人又在东北设立“水上俱乐部”，那时的皮划艇运动是专供外国人娱乐的。

1952年底，中国首次制造出自己的皮划艇。1954年北京市水上运动会，设立了男子1000米和女子500米皮艇比赛项目。1974年中国加入国际划联。1975年皮划艇被列为全运会正式项目，同年中国开始参加世界皮划艇锦标赛。2004年雅典奥运会，孟关良和杨文军取得男子500米双人划艇金牌，标志着中国皮划艇运动已经有部分项目步入世界先进行列。

二、皮划艇运动的技术要点

1. 坐入皮艇的步骤

皮艇下水后，将桨横在座舱前，其中一侧桨叶放在码头上。桨手在码头上，蹲在皮艇旁边，与艇头朝向同一方向。

靠近艇的那只手抓住座舱的前侧，另一只手留在码头上作为支撑。桨手略向前倾，膝盖半屈，同时抓住座舱中心以及桨，然后降低身体，逐渐将体重倚靠在留在码头上的左手上。然后将右脚放入船体中心、座位前25 ~ 30厘米处。随后应小心地将左脚移入座舱，同时将体重逐渐转移到船体上。桨手降低身体坐在座板上，然后将双脚向前滑到脚蹬处。

2. 使用皮艇舵及基本坐姿

艇舵上有附加的舵杆，桨手通过对舵杆施压来控制方向。将舵杆移动到右侧，皮艇向右侧移动；将舵杆移动到左侧，皮艇向左侧移动。要想熟练地控制皮艇的方向需要一定的练习。

在皮艇中，桨手和船之间的联系包括座椅、船体（桨手的脚跟）和脚蹬板（脚掌）。桨手在皮艇中的姿势必须是舒服的，应特别关注臀部的位置，因为要通过这里将力量传导给艇，使艇前进。桨手的躯干应为垂直姿势或向前倾斜10 ~ 15度。

桨手为了保持平衡性应坐在艇的正中线位置。两腿弯曲并互相保持平行位置，膝部弯曲的角度为120 ~ 130度。膝部保持略微弯曲，用来做两腿交替蹬腿的动作（收缩与伸展）。

背部保持正直，躯干呈垂直姿势或向前倾斜10 ~ 15度，身体重心位置应与艇的重心位置（从船头至船尾）相重合或略微靠前些，这与桨手的体重有关。要想精确地确定坐姿位置，要认真观察水平线在船体上的位置情况。脚后跟应接触船体底部，脚掌前内侧和脚蹬板接触。

桨手应保持一个放松的姿势（基本姿势），可最大限度地转动躯干，伸直一侧手臂，同时另一侧手臂处在弯曲的状态。手肘应比肩膀略高，手要大概在头顶的位置。

3. 平衡性

由于竞速皮艇的稳定性较差，学习控制在艇中保持平衡需要很长时间，通常要经过几个月甚至几年的时间才能获取足够的经验，缺乏平衡感会影响运动员技术与速度的发展。

可从观光皮艇或其他稳定性较好的皮艇上开始学习，然后逐渐过渡到不稳定艇型。初学者必须掌握平桨技术，即将桨叶靠近水面，然后用背面将桨叶压入水中。学习这一桨法很重要，因为它为桨手在艇外创造了一个支撑点以保持稳定性。

4. 划桨动作

皮艇的划桨动作是一个连续性的流畅的运动，力量通过身体的不同部分进行传导，使艇和水不断地互动，结果就是艇不断地前进，这也是在划桨和教学中应该重点关注的部分。

初学者应当熟悉桨的角度。比赛桨的角度通常为65～80度，左手或右手都可转桨。大部分运动员都是使用右手转桨。基本姿势是控制手的关节和手腕之间的那条连线与那一侧的桨叶垂直时，非转桨手（通常为左手）紧握船桨，但是允许船桨在手中转动。练习快速旋转手腕，可以在划行中旋转桨。注意旋转桨仅在右手控制。

（1）抓水或入水

这一阶段，桨手将桨叶压入水中，使桨叶固定在入水点。上端手应在额头的高度，躯干旋转约70度。同时利用身体和双臂的力量，将桨叶由前方插入水中，使桨叶和身体有很好的连接。桨叶应垂直入水，即在接近艇的位置入水，以防止转动扭矩使艇偏向前进。脚蹬应与桨叶入水同步。在桨入水前，脚轻轻压住脚踏板以支撑入水，同时膝盖伸直，躯干放松。

（2）拉桨（能量应用阶段）

手臂和身体的旋转，使桨叶划水时有一个强有力的抓水，力的方向是向下的。在下方手手臂的引导下，通过拉桨侧手腕的轻微转动，使桨叶在艇的侧方轻快地离开水面。向上快速提拉出水侧的手移至前额位置，使桨向上方快速摆动。

（3）充分扭转

皮艇的划桨动作需要桨手的手臂和肩膀遵循有节奏的循环模式。当桨叶到达与髋部水平的位置时，通过向上快速提拉手腕，并轻微拉拽，使桨叶快速离开水面，并转动桨叶为下一次划桨动作做准备。当手刚好位于膝盖后方的位置时效果最好，两侧手臂应共同配合躯干的旋转。

（4）放松阶段

在放松阶段，肩部应保持低姿，身体大部分肌肉都需要放松。桨手旋转桨杆同时呼气，然后吸气。此时的躯干、上肢肌肉是相对放松的，要为下一周期划桨做准备。

5. 腿部蹬压

皮艇运动员除了使用双臂也要使用双腿来推动艇前进。腿部蹬压的动作应与双臂的动作同时进行，通过脚踏板制造艇前进的动力。在抓水过程中，拉桨侧膝盖进行伸展运动，伸展的速度同手臂拉桨的速度相同。

6. 基本向前划法

向前的划法是主要的桨法，它能推动艇前进。划桨动作由不同的动作组成：反向旋转，抓水/入水，出水/滑行和放松阶段。坐好后旋转左侧躯干向前，右侧向后，这就是反向旋转。这一动作使左侧桨叶尽可能地向前，在力量传导过程中运动员的体重加载到桨上。左侧手臂向前伸展，同时右侧手臂弯曲，右手接近耳朵的位置。右肘的位置对于体重加载至关重要。

在抓水阶段，左侧手臂伸直，将桨插入水中，右侧手臂位于额头前方。一旦体重加载在船桨上，左侧腿伸直驱动艇，右侧腿弯曲，紧接着躯干和肩部旋转。

这一动作推动艇前进越过船桨，而桨叶还留在水中。在出水阶段的最后，划桨的目标是使桨叶尽快出水。艇滑行，皮艇运动员继续在肩膀的高度旋转双手。在滑行的初始阶段，皮艇运动员可以瞬间放松肌肉。划桨动作的所有部分一起组成了一个有节奏的动作。桨叶在水中迅速移动，而在空气中的移动相对缓慢。

三、休闲皮划艇在我国的开展情况

休闲皮划艇运动是一个新兴的水上项目，所参与的人群较广，技术要求较低，上手快，趣味性高。休闲皮划艇除了我们所知的单人艇、双人艇、桨板，还包括充气艇。目前，在大多数景区进行漂流体验所用艇以充气艇为主。

1. 国内休闲皮划艇运动的组织形式

目前我国休闲皮划艇运动以俱乐部为主要组织形式，大多数人在选择水上体验项目时注重考虑安全性、操作性（技术含量较低）、娱乐性和新奇性，因此休闲皮划艇成为当下爱水人士的一个首要选择。

2. 以体验为主的景区休闲皮划艇运动

景区的休闲皮划艇属于体验项目，大部分景区都是以按时计费的方式将休

图3-2　在黄姚花海仙女湖开展的皮划艇班级活动

图3-3　在龟石水库开展的青少年皮划艇体验活动

闲皮划艇租借给游客，游客利用休闲皮划艇可以在河湖中自在地游玩。

3. 营地教育中的休闲皮划艇运动

如今国内营地教育模式发展火热，旨在培养青少年的独立自主能力、动手能力，丰富其知识面，锻炼身体。营地教育根据当地营地的特点开设众多户外课程，其中水上课程体验是一个重要环节，水上项目又以休闲皮划艇运动为主，不仅使得青少年多掌握了一项技能，又能锻炼身体、体验快乐。

4. 民间赛事中的休闲皮划艇运动

民间赛事一直是我国体育事业的一个重要组成部分，众多民间赛事的开展使得体育产业蓬勃发展。休闲皮划艇运动中表现最为突出的就是划龙舟，每逢端午节，很多地区都会举行划龙舟大赛、龙舟游等富有趣味性的体验活动。民间皮划艇运动爱好者组成的水上皮划艇协会，时常自发组织皮划艇比赛或者休闲皮划艇体验活动，对休闲皮划艇运动的宣传与发展起到了一定的积极作用。

图3-4　皮划艇运动主题的夏令营活动

四、休闲皮划艇水上拓展团建项目

图3-5　下水之前的岸上团队建设

图3-6　皮划艇体验者下水前跑过“龙门”

图3-7 下水之前的准备活动

项目一：水上拔河

将两条皮划艇的尾巴互绑，两条艇相对互划，如同陆地拔河一样，先越界的一方将被淘汰出局。

项目二：疯狂竞速

各组起点待命，发令声响后全速前进，以某个标志物为目标，最先抵达标志物处的皮划艇为胜。当然，也可以根据水面环境情况，选择接力的形式进行疯狂竞速。

图3-8 竞速过程中翻艇瞬间

图3-9 竞速前起点的准备

项目三：轻功水上漂

皮艇在湖中围成一圈或一排，每队派若干名代表从船头“飞跃”而过。该项目也称“水上钢琴键”。

图3-10 教练示范轻功水上漂

项目四：排兵布阵

按组在水上以皮划艇的方式摆出团队造型，完成速度最快的小组获胜。

图3-11 黄姚花海酒店皮划艇营地团建中的“排兵布阵”1

图3-12 黄姚花海酒店皮划艇营地团建中的“排兵布阵”2

项目五：齐头并进

三艘艇并拢在一起，朝着终点划，主要靠两边的人员划动，中间的人用左右手固定住两边的艇，让三艘艇作为一个整体前进，最后看哪一组用时最少为胜利。

图3-13　富春江皮划艇团建中的齐头并进

五、休闲皮划艇运动水中救援事项

（一）自我救援与安全

初学皮划艇时很容易翻船，不必为此尴尬，但必须了解和掌握自救技术。

当学员失去平衡和支撑，大多数情况下会翻船。自救的第一步是游到船边，用正确的方式将船体翻正。一定要快，否则船将沉入水中。皮艇翻扣的时候，因为船舱会扣住空气，所以通常不会进很多水（在翻扣的情况下推动皮艇或划艇前进或后退，船体会进水。如果发生这种情况，船体会因水的重量很难扶正）。扶正船体后，将桨放到船舱中，然后抓牢船首或船尾，游水上岸。与艇不要分开，这一点非常重要，尤其是需要游较远的距离才能获救的时候。踢腿打水推动艇，不要与艇分开，要抓牢它，有助于保持体力和漂浮。

当到达浅水区或岸边时，可以将船头按下，直到船中所有的水都汇集于此。然后突然抬起，将船翻转过来，这样水会通过船舱流出。重复上述动作直到大部分水排出船体。要记住，充满水或大量进水的船体不要抬离水面，因为水的自重会压断船体。有些技巧高超的运动员可在船翻后直接爬回船舱。如果有同伴帮助扶正船体，这一过程将更加容易。

不要在雷雨或暴雨的天气中划行。暴雨通常代表着能见度降低、体温降低，导致过度疲劳。风向的突然改变会使划行变得困难、不可预测且充满危险。

避免在极热的环境下划行。相比低体温症，热衰竭（中度中暑）更容易出现。热衰竭是人体水分过度流失的结果。当环境温度在29～32℃的时候，出汗排热是造成水分流失的主要原因，造成人体的保护机制过度负荷。当人体出汗所要消耗的水分比人体能够提供的水分更多的时候，脱水、中暑、惊厥甚至肾脏衰竭则有可能出现。

长时间暴露在阳光下可能会造成晒伤，严重时可能会造成血管损伤。在强阳光条件下应做好防晒工作。

进行皮划艇项目时候应穿着合适的服装，即适应季节、时间段、划行时间和强度的实用服装，皮划艇选手的服装应该柔软、重量轻、多孔、保证汗水不会在内部凝结，具备以下功能：减少暴露、保暖或防热。

（二）水中救援技术要点

1. 翻艇脱困技术动作要领

翻艇后，双手拍打船底三次，两手交叉抚摸船沿三次，然后剥离防浪裙，双手撑住船沿，脱离船体。

2. 浮桨包自救技术动作要领

在扶住船体的基础上，一手持桨，一手将浮桨包套在一只桨叶上，将桨横放在船体上，双手撑桨，重心放在浮桨包一侧并攀爬，直至稳定坐在船体中。

3. H型救援技术动作要领

（1）当一人覆舟时，脱困后，举桨吹哨子，引起注意。

（2）两名施救者划舟前往，同时注意环境安全，询问覆舟者情况。

（3）施救者划至覆舟旁边（一左一右），让覆舟者扶一位施救者艇旁，同时将三支桨放在舱口上形成H字样。

（4）两名施救者同时提升覆舟艇头（舱口向下），拉至桨上直至覆舟艇舱口中间段置于桨上方，施救者可扶覆舟并让艇头艇尾交替升高降低以排水。

（5）将覆舟艇舱口向天，使覆舟向前或后回到水面，再拉舱口至桨的下方。

（6）让覆舟者扶持艇边到达两艇之间，双手按住艇面浮起，大致平躺于水面，双腿伸进艇舱，并坐回艇内。

4. X型救援技术动作要领

（1）当一人覆舟时，脱困后，举桨吹哨子，引起注意。

（2）一名施救者划舟前往，同时注意环境安全，询问覆舟者情况。

（3）施救者划至覆舟旁边让覆舟者扶施救者艇旁近舱口位置，同时两支桨可放在覆舟者手臂上。

（4）施救者轻轻将覆舟艇舱口提起让空气进入。

（5）自动排水，无法再排水时，施救者将覆舟艇头提起拉至自己艇上（两艇交错），形成X字形，艇头艇尾交替升高降低以排水（覆舟艇舱口向下）。

（6）将覆舟翻动至舱口向天，双手拉住覆舟转动（两艇平衡）回到水面。

（7）施救者提起双桨放至两艇舱口上。

（8）让覆舟者扶艇边游到两艇之间，双手按住艇面浮起，大致平躺于水面，双腿伸进艇舱，并坐回艇内。

5. 爱斯基摩翻滚式救援

（1）当艇翻后，划舟者上身前倾，保持坐姿，双手伸出水面，拍船身三次后，在艇左右两侧、离艇身5厘米左右做前后来回之摆动，以搜索扶持物。

（2）附近的同伴得知有人求救后，迅速将自己的艇头垂直驶近至覆舟者的舱口正横位置。

（3）覆舟者单手触到对方艇头后，另一手即在水中横过胸前，至较早前触到艇头的手处，双手以手掌虎口包着对方艇头（从水面向下按），以做支持点。

（4）当双手按下艇头支持点时，利用下身锁艇动作及扭腰动作，先将艇翻回原位。

（5）当艇开始恢复原位时，身体随即顺势转回水面以上，恢复正常坐姿。

第二节 桨板

桨板，是在桨的帮助下在推动专属浮板运动的一种水上运动项目，又名直立单桨冲浪桨板，全称Stand Up Paddle，简称SUP。源于美国夏威夷，近年逐渐风靡全球。最初，冲浪教练为了管理众多的学员，直立站在冲浪板上能够获得更好的视野，便于观察周遭情况，也利于观察远处过来的涌浪。当时还没有专业的桨板，用的是普通长度的冲浪板和单面的桨。随着桨板运动的推广和器材的研发，桨板运动逐渐成为更多水上运动爱好者的选择。目前，在全球温暖的海岸旅游度假地，桨板的流行趋势势不可当，更因受到诸多专业冲浪选手、社会名流及明星的追捧，逐渐成为主流的水上运动项目。

桨板运动者可以在湖面、河流等各种水域乘风破浪，或者在海滩沿岸长距离滑行，不同的水域会带给运动者完全不同的运动体验。同时，桨板运动能够让划桨者消耗更多的热量，使得它获得越来越多人的青睐。近年来，国内很多高校也开展了桨板的教学，培养更多体育专业的学生掌握桨板技能，在一定程度上，也为户外俱乐部，特别是水上运动俱乐部培养了桨板的人才，更好地推动桨板运动的开展。

图3-14 贺州学院户外运动方向桨板课程教学与实践活动

图3-15　贺州学院社会体育指导与管理专业学生进行专业认知活动

一、桨板的多样玩法

桨板冲浪容易玩，玩法多，男女老少、新手高手皆可玩，躺着、趴着、站着、跪着、坐着，各种姿势都可以。

图3-16　黄姚东潭岭水库桨板活动

图3-17 参与者初次体验桨板运动

（一）基本玩法

1. 站姿划行

基本姿势，可以慢慢欣赏优美的湖光山色。

图3-18 合面狮水库桨板活动中挑战全体站立姿势

2. 坐姿划行

新手姿势，最容易保持平衡，可以与靠近的鱼儿戏水。

图3-19　桨板爱好者坐姿划行

3. 跪姿划行

双膝跪在桨板上，也比较容易保持平衡。熟练后也可采用单膝半跪方式，一半掌握平衡，一半最大限度使用核心力量控制桨板。

图3-20　小凉河桨板漂流经过白水区域跪姿划行

4. 趴着划行

最休闲的姿势，不需要桨，全靠双手划行，人板一体，可平稳前进。

图3-21　合面狮水库开展桨板活动中队员趴着划行

5. 躺着放松

最闲适的姿势，来一次桨板的“葛优躺”，蓝天白云就在眼前。

图3-22　桨板活动爱好者划累后躺着休息

（二）常见桨板户外项目

1. 萌宠桨板

有些桨板爱好者，喜欢带着自己的宠物狗一起体验桨板带来的快乐。大多数宠物狗第一次上板都会有点紧张，在带狗狗一起玩的时候，需要确保狗狗是否喜欢水；同时要确保狗狗了解基本的命令，比如“坐下”和“不许动”等命令，最好不要让狗狗在板子上太活跃。建议第一次采用跪姿玩桨板，按照循序渐进的原则，等自己和狗狗适应后，再进行站立划行。

图3-23　桨板爱好者携带宠物上板

2. 亲子桨板

身体健康的家长，带着孩子一起划桨

图3-24　盘古水库亲子桨板活动

板，一前一后，轮流划。当然，亲子桨板更合适年龄较小的孩子，父母划板，孩子坐在板前，双脚泡在水中，欣赏美景，愉快地攀谈，完美的亲子有氧运动，增加亲子感情。

3. 桨板瑜伽

桨板瑜伽的意义早已超乎运动本身，在浮动的“瑜伽馆”上，除了锻炼柔韧性之外，你还将学会用新的方式去欣赏大自然。你可以看到自由游动的鱼群、摇摆的水草、远方的飞鸟、岸上的行人，目光所及之处，有诸多惊喜。当瑜伽与自然元素相结合，你会收获大自然带来的益处，所以如果你热爱大自然，那么桨板瑜伽正适合你。而且，桨板瑜伽，比单纯的瑜伽运动更有挑战性。

4. 团队拼板花

团队集体完成拼板花的任务，是增进感情、增强团队凝聚力和激发团队潜能的有效手段。

5. 多板竞速

桨板竞速，是力量与平衡技巧之间的较量，但在平时的团队建设中，我们可以灵活运用，可以一人一板进行竞速，也可以多人一板进行趣味性的竞速活动。

图3-25 利用桨板在合面狮水库进行瑜伽练习

图3-26　利用桨板在富春江上进行瑜伽练习

图3-27　桨板团队拼板花

图3-28　多板竞速

二、玩桨板的益处

1. 改善平衡

站立在桨板上完成平稳的划行，需要很强的核心稳定性和腿部力量来保持平衡，因此这一运动有利于促进腰腹核心力量和腿部力量，能在一定程度上改善我们的平衡性。

2. 冲击力低，锻炼全身

由于立式桨板划行所需的平衡，腿部肌肉将努力稳定重心。手臂、背部和肩部协调运作，对抗船桨在水里的阻力。腰部、背部和腹部肌肉将不断发挥作用，以保持平衡，这样全身肌肉都能得到有效锻炼。

站立式桨板被归类为低冲击力运动，因此，过程中损伤肌腱和韧带的可能性较低，适合大多数人。

3. 亲近自然，减轻压力

桨板运动属于户外亲水型休闲运动，能使人充分享受阳光、碧波、蓝天、白云等美好的自然风光，同时调动身体机能，保持一定的运动节奏，帮助减轻压力。

图3-29 合面狮水库桨板体验者站立保持平衡

图3-30 小凉河桨板漂流

图3-31 团建桨板活动

运动有助于减压，同时水能自然舒缓身体。当你的运动节奏试图与你的呼吸相匹配时，那种“在水上行走”的惊人感觉，它会立刻消除压力！

三、桨板的分类和性能

（一）按尺寸分类

1. 短板（2.8米以下）

短板的操纵性更加好，适用于冲浪，可在快速转弯的同时捕捉波浪，一般小孩的冲浪板在2.4米以下。短板不能用于长距离划行。

2. 中型板（2.8～3.7米）

适用于在湖面划行或者在海里简单冲浪，适合初学者，因为它提供更大的宽度、长度和体积，这是在水中稳定的关键。

3. 竞速版（3.8～4.3米）

适用于竞技类比赛和水上远足，竞速板长而宽，因此它在划行中可以保持赛道，轻松在水中穿行。

4. **宽板（宽80厘米及以上）**

宽板比窄板的稳定性更好，使人更容易站立，但是划行速度会比窄板慢。

5. **窄板（宽74～76厘米）**

窄板的划行速度比宽板的速度快，但是稳定性相对差一点。

（二）按主要功能分类

到目前为止，桨板衍生出很多种功能类型，有竞速板、休闲板（通用板）、白水板、瑜伽板、龙板、巴士板等，在此主要介绍其中三种：竞速板、休闲板（通用板）和白水板。

1. **竞速板**

竞速板就是比速度，划起来很快的板。特点：窄、长、快。常见的尺寸：381厘米×69厘米、427厘米×63.5厘米。当然还会有更窄的，具体如何选择，取决于自己的平衡力。宽度越窄速度越快，长度需要衡量，如果打算参加绕标赛，就选短的，参加长距离耐力赛，就选长的，因为长的循迹性、惯性更好，短的起步速度和转向好。

图3-32 利用小车运输桨板

2. 休闲板（通用板）

休闲板比较适合业余玩家、初学者，比竞速板更宽、更短、更稳。休闲板只关注板子够不够稳，够不够厚，能不能承载你还有你的帐篷、烤炉、炉具等，或者能不能带上你和你的孩子，来一个温馨的亲子时光。休闲板其实也可以叫长途巡航板，不用划得很快，但可以划得很舒服，站着划，坐着划，搬张凳子上去坐着都行。

3. 白水板

白水板跟休闲板差不多，也有人拿休闲板玩白水。不过有两个地方不一样：第一，白水板更加短，2.9米左右，方便转向，宽度85厘米左右；第二，白水板的尾鳍更加多，有三个（一大二小）、五个的（一大四小）。

很多新手都在选择充气桨板和硬桨板之间犹豫不决，因为两种类型的桨板都有其优势。硬桨板是指环氧树脂、传统或玻璃纤维桨板。在决定购买充气桨板或硬桨板时，可以从以下五个因素进行考量。

第一，可运输性。方便运输是充气桨板最大的卖点之一，你不需要专门为此配置一辆越野车或面包车，因为放气后，板子可以完美卷入一个仅一米左右高的背包里。

第二，储存空间。家中是否有多余的储存空间，也是需要考虑的问题，如果家里没有足够大的空间，硬板真的很占地方。

第三，耐用性。硬板比充气板更耐用，使用寿命更长；而充气桨板放久了，胶水老化，会有开胶、漏气的情况，使用过程中也会遇到各种磕碰的情况。

第四，性能。硬桨板更加灵活，滑行更容易，速度更快，冲浪时，也更容易抓浪。如果你打算用桨板进行冲浪、竞赛或远航，硬桨板是最佳选择。

第五，成本。充气桨板的费用比硬桨板的普遍要低。如果预算充足，建议直接上硬桨板，你会发现，硬桨板真的好划很多，不至于你花费大笔预算拿下的板子，因太耗体力，而半路夭折。

结论：如果你没有充足的储存空间，你经常出差还想带着你的板子，你没有充足的预算，你是业余玩家，那么你需要一个充气桨板；如果你计划只在当地的海滩、湖泊使用它，你想用桨板冲浪，当地水域暗礁砂石较多，你需要最佳的性能、灵活性和速度，那么你需要一个硬质桨板。

四、桨板运动的常见问题和安全须知

（一）常见问题

问 1：玩桨板安全吗？

答：户外安全包含人、装备、环境三方面。桨板是非常安全的水上运动，全程有专业教练带队，管控队伍，保证安全；桨板本身是从冲浪教学、救援发展而来，原本就是安全救援装置。

问 2：不会游泳可以玩吗？怕水怎么办，很容易掉水里吗？

答：完全可以的！学员全程穿救生衣，教练跟随教学，已经有很多朋友因为玩了桨板而慢慢学会了游泳。怕水的朋友，在正确穿戴救生衣、脚绳、学习好桨板技能之后，克服自身的抗拒心理，没有什么学不会的。

桨板是讲究平衡的运动，有很强的亲水性，如果不想下水可以坐着、趴着划板，都有不同乐趣，多加练习掌握平衡之后，也很容易控制住桨板，半小时快速上手解锁站立桨板划行新技能。

问 3：教练会全程带领着玩吗？会教我们什么技能？

答：教练是桨板活动的重要人物，教练将桨板知识、桨板技能两部分普及给所有队友学习掌握，保证大家可以玩在同一起跑线上；另外教练会在队伍前后做队伍合理管控、风险管理，做好整个队伍的安全保障工作；在保证活动安全的基础上，教练会跟大家一起愉快地玩耍，带动气氛。

问 4：桨板活动运动量大吗？

答：桨板运动有多种分类，桨板冲浪、桨板竞速、桨板瑜伽会消耗较多热量，约等于跑步训练；我们基地的桨板活动是休闲划行，全程合计3～5公里，运动量不会很大，大人小孩都能愉快地玩耍。

问 5：什么样的年龄段适合，小朋友可以吗？

答：桨板是一项适用性很广的运动，只要身体健康、适合户外运动的人群都可以尝试，6～60岁都是可以玩桨板的。在美国，青少年桨板是非常热门的户外项目。

问 6：去玩桨板需要准备什么？

答：前一晚休息好，切忌熬夜、酗酒。个人装备方面，带上换洗衣物、防晒套装、拖鞋或潜水鞋，最好再带点干粮随时补充能量。

问 7：什么情况不适合玩桨板？

答：桨板是一项体育运动，不适合患有心血管疾病、哮喘等疾病的人群参加，还有生理期的女士，怀孕的妇女，熬夜、酗酒者也不适合参加，安全第一。

问 8：这些桨板有什么区别？应该选择哪款装备？

答：桨板从材质上主要分硬桨板、充气板两种，从功能上分为竞速板、综合板、瑜伽板、冲浪板等。基地提供的都是综合板，对于初级体验用户来说区别不会很大，随意选择喜欢的款式即可。

问 9：需要很专业才能玩桨板吗？

答：这是一个误区。每次活动之前教练都会进行半个小时左右的培训，经过学习之后就可以下水进行体验。即使是小朋友，也都能在半个小时内掌握平衡。总之桨板是一项非常容易上手的运动。

问 10：我会游泳，可以不穿救生衣吗？

答：绝对不能！救生衣是用来防止意外情况发生的装备之一，很多朋友游泳技能很好，但当意外发生时，救生衣可以最大限度保障个人水上安全，必须全程穿着！敬畏自然、安全第一，为团队着想、为自己负责！

（二）安全须知

（1）无论如何，请养成穿救生衣的习惯。虽然皮划艇的安全系数比较大，但是也尽量避免做危险动作，例如站立和打闹，以避免翻船。

（2）出行前必须关注天气情况，尽量避免单人出行，结伴而行或者团队出行，可增强自身的安全保障。

（3）遇到翻船或落水的特殊情况，千万不要惊慌，及时抱住船身，因为船具有很大的浮力，不会沉没。

（4）放松心情，保持轻松的心情，身体随着水面的起伏轻轻摇摆。虽然这一点对一个初学的人来说是非常不容易做到的，但如果您不放松心情，身体僵硬、发抖，即使只有六寸高的小浪也会使您翻船。

（5）桨板是户外运动，在夏天阳光强烈的日子里，水面的反光也同样强烈，对皮肤有一定伤害，最好事先涂上防晒霜，准备好防晒物品。

五、国内外桨板救援的发展和现状

桨板作为新兴的水上运动项目，已是风靡全球，从个体到团队，从内河到海洋，从休闲娱乐到健身、比赛，各类活动人群成倍增长。桨板运动在水上开展，存在一定的风险，运动发展过程中的安全问题如何有效防范和解决，已成为当今凸显的问题。由于国外桨板运动比较发达，很多国家的桨板运动起步较早，发展较快，面对不断扩大的桨板活动人群，桨板救援也应运而生，并在不断地发展成熟。

近年来，桨板运动同样在我国飞速发展，全国各地桨板俱乐部应运而生，桨板运动人群不断增加，桨板主题活动、桨板赛事也逐年增加。桨板给人们带来了欢乐，带来了健康，但也存在很多安全隐患。因此，从宣传、推广到活动体验，重视安全教育，加强水上安全防范意识已经刻不容缓。

六、桨板救援的定义

近年来桨板救援已经在水上活动中逐渐被运用。在一般的桨板活动时发生过多起桨板爱好者对在水中游泳或意外溺水者成功救生的案例，在国内很多城市举办的大型水上活动中也采用了桨板救援的方式。桨板救援与其他救援方式配合，为水上活动起到了很好的安全保障作用。

虽然桨板救援在我国刚刚起步，但它在水域救援方面的优势已经显现：站得高看得远，布岗成本低，安全环保，方便快捷。

为了更好更快地开展桨板救援工作，相关团体已经在进行桨板救援的系统技能培训，并且组织大型的桨板救援专业比赛，从而使广大参与桨板救援的救生员从理论到实操得到了全方位的提高。

（一）桨板救援工作的指导思想

桨板救援工作的指导思想就是自始至终“防患于未然”，消除一切可能发生的事故隐患，这是任何水上活动成功与否的基础和保障。在处理水上意外事故的过程中，实施救援方式要正确，时间要快，始终坚持防和救相结合，只有这样才能在各类水上活动中顺利完成安全救援任务。

1. 安全教育先行，做到有备无患

任何水上活动必须遵守“安全第一”的原则，对任何参加水上运动的人要加强水上安全教育，使其牢牢树立安全意识，不麻痹大意，做到不安全的事不做，有危险的地方不去。

在确保自身安全的前提下，救生能力、救生器材达到救援的要求，才能进行施救。在救生过程中坚持“以防为主，防救结合”的思想，做到有备无患。

2. 团队救援优于个人救生，先救有意识后救无意识

在水上复杂的救生行动中，团队救援能更好地发挥集体的力量和智慧，在救援时间上会更快、实施操作上更灵活、有效，使救援更有保障。

救援活动中，如果同时发生多人的危险事故，救生员要先救近的后救远的，先救有意识的后救无意识的。水上救生与岸上救援相互配合，发生事故立即报告相关部门。

（二）桨板救援实操

1. 桨板救援安全常识

（1）树立“安全第一”的思想意识

桨板救援是在水中这个特殊环境中进行的，除了桨板器材等必须符合要求外，安全意识一定要放在首位，水上活动千变万化，执行救援时必须注意力集中，不能麻痹大意，必须牢记“安全第一”这个原则。

（2）做好自身的安全防范

下水必须穿好救生衣或戴上脚绳。根据季节的不同，夏天要做好防暑降温，冬季做好失温的防范。

（3）了解救援方案

掌握活动水域的情况，严格按照所分配的岗位职责要求完成救援工作任务。

桨板救援活动前必须做好相应的准备工作和制定详细的救援方案，方案的制定和实施是实现目标和避免事故发生的基础。

第一，做好救援器材及辅助设备的准备。根据规模大小、时间长短、活动强度配备合理的救援器材和设备。

第二，安排合理比例的救生人员，做好救生人员位置的编排，活动区域分片，包干到人。

第三，设立活动总指挥，协调各区域、各部位人员。

第四，做好水上、陆上的安全救援接应工作，做好陆上医疗急救准备。

第五制定好救援活动的应急预案。

2. 桨板救援应具备的条件

（1）救生员的救生能力

救生员除了具备良好的桨板技术，还必须受过专业的桨板救生培训，掌握专业的救生技能，能完成不同情况下的救生任务。

（2）个人救援装备

使用适合桨板救援的专用桨板，具体为：桨板板体窄、板体厚、浮力大，桨板两侧有多个对称拉手。轻便的桨以及符合浮力要求的救生衣。

（3）活动环境评估

任何救生行为和救援活动作业前应先评估环境，包括：水流方向、水速、水域深浅、风浪等，做出合理的活动方案，确保活动顺利完成。

（4）气候因素

评估气候与水情状况，关注执行现场天气的突发变化，如有打雷、风浪过大等情况，考虑到活动安全性和救援执行力，必须及时停止活动，执行活动前制定的紧急预案。

（5）做好救援方案和紧急预案

配备水面大型船只，用于活动指挥和水面协助救援。建立陆上医疗急救站。

3. 桨板救援的方法

（1）观察与判断

桨板救援救生员在执行任务中，必须集中精力观察负责区域的活动人群。

扫视法：对自己责任区的左、右、远、近进行直线、不间断的观察。

环视法：对自己责任区以某一点为起点，进行圆周、不间断的观察。

跟踪法：对自己责任区内水平不佳、有异常者应进行重点跟踪观察。

在观察的同时，还要进一步进行判断，做出正确的反应，如：被救者是否有意识、被救者是否受伤、被救者是否需要立即施救。判断后根据不同情况，采取及时、规范的救生技术。

（2）到达技术

①抱板出发

（以右手为例）预备时，身体应前倾，膝盖和腰部略微弯曲。用右手握在携带板子中间的凹槽，将救生板置于腰处。入水后快速跑到水深及膝处，就可上板开始划行。

图3-33　抱板出发

②上板

身体臀部以上弯曲，以略微弯曲的手将板子往下压，将板子以双脚的力量向前推和向上方推，同时双脚跃出水面。眼睛注视双膝要跪的地方，沿着右手由救生板左侧跪上救生板。双脚在救生板要撞及水面之际必须离开水面。

图3-34　上板

③卧姿划行

A. 卧姿划行重心较稳定，救生板不容易翻覆。

B. 划板者的视野较差，而且速度也较跪姿划行慢。

图3-35　卧姿划行

C. 卧姿划行时头部稍微抬起，以身体的胸腹部贴于板上，双手采用蝶泳的动作交替划行。

④跪姿划行

A. 划行时，双脚跪于板上，双手采用类似蝶泳动作划行前进。

B. 尽量弯下上半身，以臀部为最高点，头部应抬起以注视前进方向，双手应尽量前伸后才入水。

C. 双手在水中划行时，双手前臂最少需有一半在水中，双手划超过臀部最后方时，即应提出水面前伸续划。

D. 跪姿划行速度较快，视野也较好，但较不稳定。

图3-36　跪姿划行

（3）救生技术

发生需要救生的情况，救生员迅速划到出事处，查看实际情况，与需要救援者交流，有必要时进行心理辅导，稳定其情绪，以便采取相应的救生方法。

①主动上板

被救对象状况：神志清醒，身体未受伤，尚有体力。

救生员靠近被救者，救生员坐在桨板中心偏后的位置，引导被救者双手拉住桨板边的救生把手，利用双脚打水使下半身浮于水面，用一个比较大的力度打一下水，随着用力打水的这一下双手同时把桨板往肚子下面推，把身体窜到桨板上，然后手臂往前伸过桨板。当肚子在桨板上之后，腿继续拍打水面，先让一条腿挂上桨板，再将另一条腿挪上板然后趴在桨板上，听从救生员指挥。整个上板救生过程，救生员除了引导外，要保持住桨板的平衡。被救者完成上板后，救生员跪着划桨将被救者就近运送到安全的地方。

图3-37　主动上板

②被动上板（有意识）

被救对象状况：神志清醒，身体状况不太好，没有力气、没有能力主动上板。

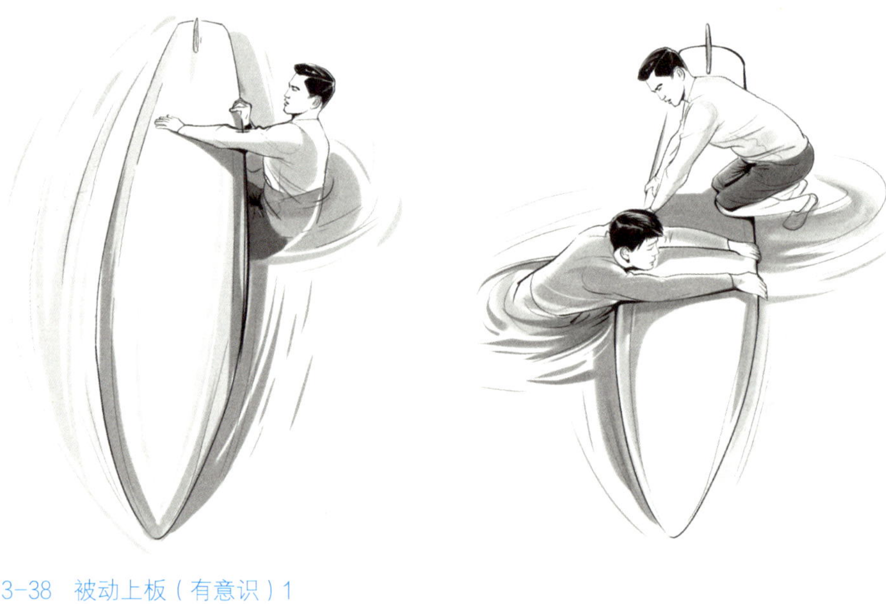

图3-38　被动上板（有意识）1

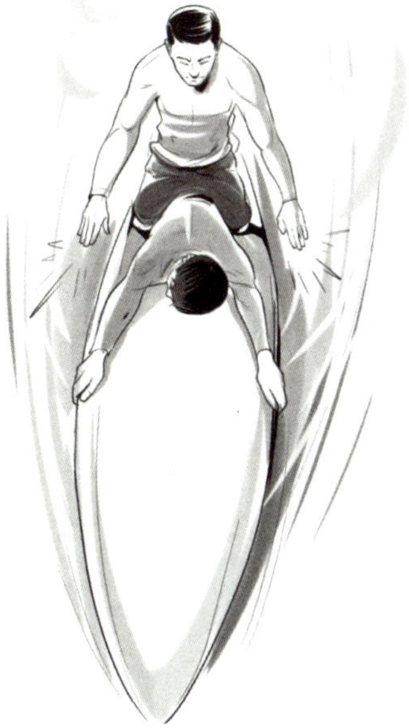

图3-39　被动上板（有意识）2

救生员靠近被救者并跳入水中，将桨板翻过来底面朝上，再爬上桨板，双脚跪（或屈膝站）在板面，让被救者双手趴在板上，救生员双手扳住板沿（或一只手扳住板沿，另一只手抓住被救者的救生衣），身体向后把桨板扳正，把被救者的上半身翻上板面，此时救生员从水中爬上桨板的后部稳住板体，让被救者下半身挪上板，救生员双膝分开跪在被救者的腰两侧作为保护，将被救者就近运送到安全的地方。

③被动上板（无意识）

被救对象状况：神志不清或昏迷，已没有能力上板。

救生员靠近被救者并跳入水中，将桨板翻过来底面朝上，再爬上桨板，双脚跪（或屈膝站）在板面一侧，双手拉住被救者的腋下，身体向后把桨板扳正，把被救者的上半身翻上板面。此时

图3-40　被动上板（无意识）

救生员从水中爬上桨板的后部稳住板体，把被救者下半身挪上板并放正，并双膝分开跪在被救者的腰两侧作为保护，将被救者就近运送到安全的地方。

④多人协助上板

被救生对象状况：神志清醒，身体未受伤，但没有能力主动上板。

多人（四人）救生桨板靠近被救者，救生板上的一号、四号位救生员负责保持桨板的平衡，二号、三号位救生员拉着被救者的胳膊拖拽到救生板上，将其安顿好并将被救者就近运送到安全的地方。

图3-41　多人协助上板

⑤水中拖带运送

被救对象状况：神志清醒，身体未受伤，没有力气、没有能力主动上板。

救生员让被救者双手拉住桨板尾部的把手，利用双脚打水使身体浮在水面，救生员在桨板上跪姿或卧姿划，将被救者就近运送到安全的地方。

图3-42　水中拖带运送

4. 桨板救援中桨语、口哨的运用

桨板活动过程中在没有更便捷的通信设备时，我们通常可以利用手中的桨，利用救生衣上佩戴的口哨作为通信交流工具，如在桨板活动中出现紧急安全情况，桨语、口哨会起到很大的作用。

（1）桨语的运用

桨板运动，包括团队旅行活动和长途探险活动，通常使用手机、对讲机、无线电信号发射器等，但在特殊情况下使用简单、方便的桨语会更实用。因此，熟练掌握桨语的应用，对顺利、安全完成桨板活动能起到很好的保障作用。常见的桨板桨语传达的信号有以下几种。

①向我的方向前进、集合

双手握桨杆，桨叶向上竖立。

②紧急求救

双手握桨杆，桨叶向上竖立，以下手为轴心，上手左右连续做摆动动作。

图3-43 桨语：向我的方向前进、集合

图3-44 桨语：紧集求救

③停止，不要前进

双手握桨杆，横在头顶连续做屈臂动作。

图3-45　桨语：停止，不要前进

④直线、向左、向右

双手握桨杆，竖立表示直线前进，左斜45度表示向左行进，右斜45度为向右。

图3-46　桨语：直线、向左、向右

⑤我很好

左手横握桨，右手握拳抬起于额头斜前方，上下挥动。

图3-47　桨语：我很好

（2）口哨的运用

在户外运动、水上运动中，口哨也可叫“求生哨”，它可以作为联络使用，也可以在遇险的时候使用，常用于简单通信和方向定位，在发生紧急情况或有安全隐患时可作为救援呼叫的工具。在桨板活动中，配备一个求生哨是非常有必要的。口哨传达的常用信号意思如下。

（●代表1秒内的短音，■■■代表3秒以上的长音）

通讯（T）：■■■（一长音）用于队伍的声音通讯联系，以确定相互之间的哨音方位，在收到哨音指令后发出代表“收到”的指令（同喊话“喂~~~~~”）。

集合（U）：●●■■■（两短一长）向哨音的方向集合（同喊话“集合啦~~~~”）。

前进（V）：●■■■（一短一长）休息时发出代表全队出发，行进中发出代表加速前进（同喊话“冲啊~~~~”）。

前队等待（W）：●■■■ ■■■（一短两长）用于队伍行进距离过长时，要求前队等待后队（同喊话请“等~~~等~~~~”）。

要求支援（S）：●●●（三短）当遇到困难需要寻求帮助时发出（同喊话“急！急！急!”），收到信号者以通讯音（T）回复表示将前往支援。

求救（SOS）：●●● ■■■ ■■■ ■■■ ●●●（三短三长三短）这是国际通用的SOS代码。

第三节 划艇

划艇又称独木舟，是一种用单根树干挖成的小舟，需要借助桨驱动。独木舟的优点在于由一根树干制成，制作简单，不易有漏水、散架的风险，它可以说是人类最古老的水域交通工具之一（另一种是筏子）。中国新石器时代遗址浙江湖州钱山漾、浙江余姚河姆渡、福建连江、广东化州都出土过独木舟或船桨的残骸，已有5000～9000年的历史。

一、划艇的历史

我国古籍中有“刳木为舟”的记载，就是说独木舟是刳木而成的。1958年，江苏武进县出土3条独木舟，据考证是春秋战国时的独木舟，长11米，宽0.9米，深0.4米，现存中国国家博物馆。

（一）中国古代独木舟

中国古代独木舟大致有三种类型。

第一种是平底独木舟，底是平的，或接近平底，头尾呈方形，没有起翘。

第二种是尖头方尾独木舟，它的头部尖尖的，向上翘起，尾部是方的，底也是平的。如1965年在江苏武进淹城内城河出土的独木舟，尖头敞尾，尖头微上翘，舟尾敞开宽而平，属于尖头方尾独木舟一类。

第三种是尖头尖尾独木舟，舟头翘起，尾部也起翘。如1958年在江苏武进淹城出土的一条独木舟，舟形如梭，两端小而尖，尖角上翘，属于尖头尖尾独木舟一类。舟舱中间宽，全长11米，舱上口宽0.9米、深0.45米，系用整段楠木挖空制成。外壁光滑，木纹依旧，内壁布满焦炭和斧凿斑斑痕迹，这是经过数十次用火烤焦后不断用斧凿制加工成的。

（二）近现代独木舟

近现代独木舟也是用整根大树干砍凿制成。长两丈有余，宽以能坐下一人为度，平口圆底，两头尖并微上翘。船桨长近一丈，中段是手握的桨把，两端是桨叶板，用时左右交替划行。小的独木舟只容一人，大的可坐五六人，自清代初年在东北林区就很流行。

东北一些林区猎人还有一些颇具特色的水上交通工具。比如兽皮船，是用剥下的整张兽皮朝外制成船形，然后晾晒，干燥定型后就可以下水使用。这种兽皮船因轻便易携，又很结实，多在水流不太急、水面不宽的小河泊使用，但不能一次用得时间太长，以免把皮子泡软，影响浮力。

江南，尤其是湖川（湖南、湖北、四川、重庆）一带，过去乃至当前也流行一种名为“舢板”或者“划子”的小船：用木板精心拼装而成，造型与独木舟类似，为携带“鸬鹚”打鱼的渔民所专用。以往，撑“划子”是江南小河上特有的风景。

二、划艇运动在我国的开展情况

普通人在接触划艇运动之前，往往有安全性方面的担心，实际上，经过一个多世纪以来专家们在独木舟的稳定性、安全性上的改良，直至今天，划艇运动已经是一项安全系数非常高的户外休闲运动，非常适合普通大众。

划艇运动是一项速度与耐力并存的运动，经常参加可以增强心血管系统和呼吸系统的功能，还可以有效锻炼身体各部分的肌肉，特别是对腰部、背部、臂部的肌肉塑形非常有效果，同时对身体的协调性发展有很大的帮助。与陆上

图3-48　作者参加划艇技能学习

运动相比，划艇运动不易造成肌肉的硬伤，滑行的速度快，既可以体验漂浮的轻盈，也可以体验速度的冲击力。

划艇运动在欧美国家是一项非常受民众喜欢的时尚运动，拥有大量的忠实爱好者。在我国，划艇运动热度从南方到北方逐渐在升温，已经成为一种时尚。深度参与式的休闲娱乐才能增强高端消费者的体验感，令其流连忘返。而划艇运动更是时尚、安全、健康、环保、快乐的休闲运动和旅行方式。

图3-49 划艇亲子活动

图3-50 划艇运动基地

国务院办公厅于2016年10月发布了《关于加快发展健身休闲产业的指导意见》，提出将水上运动作为具有消费引领性的健身休闲项目进行重点发展，推动公共船艇码头建设和俱乐部发展，积极发展帆船、赛艇、皮划艇漂流等水上健身休闲项目，实施水上运动精品赛事提升计划等。正是在此背景下，我国长三角地区、珠三角地区成立了非常多的水上运动俱乐部，以开展皮划艇、桨板、龙舟为主的水上运动俱乐部，划艇运动越来越广泛地开展起来。

图3-51　划艇运动在乌江上开展

PADDLE CANADA PAGAIE CANADA

Participant Name / Nom du participant

HAS SUCCESSFULLY COMPLETED
THE REQUIREMENTS FOR

A COMPLÉTÉ AVEC SUCCÈS
LES ÉXIGENCES POUR

Intro lake Canoe Tandem

Course / Cours

11 / 3 / 2017

Course date / Date du cours

61268

Course ID Number / Numéro d'identification de cours

National Paddlesports Training since 1972

PADDLE CANADA
PAGAIE CANADA

www.paddlecanada.com

Instructor Name / Nom de l'instructeur

Authorized Signature / Signature autorisée

PO Box 126, Station Main
Kingston, Ontario, CANADA K7L 4V6
Toll-free: 1-888-252-6292
Tel: 613-547-3196 Fax: 613-547-4880
info@paddlecanada.com
www.paddlecanada.com

CP 126, Station Main
Kingston (Ontario) CANADA K7L 4V6
Sans-frais: 1-888-252-6292
Tél: 613-547-3196 Téléc: 613-547-4880
info@paddlecanada.com
www.paddlecanada.com

图3-52　国际认证PC划艇初级技能证书

第四章

户外陆上有器械团队建设项目

团队建设可从广义和狭义的层面进行阐释。广义的团建一般指为了实现团队绩效及产出最大化而进行的一系列结构设计及人员激励等团队优化行为。狭义的团建指企业一系列的团队建设活动。团建的本质是以经过设计、具备内在融通性的活动为载体而进行的一系列有针对性的增强团队凝聚力的特定行为动作。它不是简单粗暴的魔鬼训练，也不是苦大仇深的体能拉锯，它应是一种有深度、有温度、有体验度的三度融合与交织的团队建设活动。

第一节 呼吸的力量

一、项目简介

“呼吸的力量”是一个促进团队沟通与协作的项目，每个小组会得到一张呼吸机的图纸，但只有一名队员能看到，如何向其他队员描述这张图纸的内容，以便让其他队员根据图纸搭建好呼吸机，考验着团队内部的沟通能力。除此之外，每个队伍分派到的材料都是有限的，所以如何利用有限的材料或者遇到的其他难题要如何解决也是一种考验。

二、项目目标

本项目可以让参与者体验不同的沟通模式及不同位面沟通之间的冲突。同时可以帮助建立良好的工作流程和计划，培养积极的心态、高度的责任感以及高度契合的执行力，体会团队合力的力量，提高队员组织、沟通和协调的能力与技巧，培养队员的集体荣誉感与奉献精神。

图4-1 团建项目中开展“呼吸的力量”

三、相关准备

作为团队沟通协作项目，参赛人数建议为10～20人一组，比赛的时间控制在30～40分钟内比较适宜，场地则室内室外都可以，需要准备的材料包括：任务书、PVC管、直通、弯头、十字接头等。以10人一组为例，每组具体所需的材料清单如下：25根30厘米管件、8根40厘米管件、7根60厘米管件、5根88厘米管件、4个四通管件、9个三通管件、20个弯头管件、5个堵帽管件、一包气球、5～8张任务卡（每队一张）。

图4-2 管道组装中

图4-3 组装完成后吹破气球中

图4-4　项目竞赛中

四、项目玩法

（1）首先将所有队员分成指挥组、领导组和执行组。

（2）指挥组和领导组先构思设计图纸，然后指挥组派出一个人和执行组的代表进行图纸内容的沟通工作。

（3）执行组代表返回组内后，集合组员交代图纸内容并给每一个组员分配好相应的任务。

（4）搭建好呼吸机后开始进入测试阶段，呼吸机的合格标准是成功爆破一个气球。

（5）在比赛规定的时间内，爆破气球数量最多的组得分数最高。

五、项目收获

（1）在该拓展训练项目中使队员体验不同的沟通模式及不同位面沟通之间的冲突，增进了队员之间的交流和感情，培训积极的心态、高度的责任感，激发了队员体内的巨大潜能。

（2）气球的爆破声让现场的气氛愈演愈烈，每一个队员都积极参与，体会团队合作的力量，团队精神面貌不断提升。

（3）锻炼队员的协作能力，建立良好的工作流程，进一步增强团队凝聚力，培养高度契合的执行力，加强团队建设。

（4）丰富了队员学习工作之外的生活，拉近队员之间的心理距离，提高队员的综合素质，促进团队发展，每个人都获益良多。

第二节　动力圈

一、项目简介

动力圈拓展项目是风靡全球的体验式团队训练科目之一，旨在提升团队凝聚力、开发团队潜能、塑造个人正向信念、锻造钢铁意志。我们都知道蚂蚁可以负重数十倍于自身的重量。在动力圈的训练科目中，每个成员就像蚂蚁被激发出巨大的力量和潜能。同时每位成员在前线冲锋陷阵的时候，背后都有一个团队在帮他分担重量。

二、活动目的及意义

（1）体验高绩效团队的向心力和凝聚力形成方式，增强自信、自我控制能力和自我挑战的勇气，体会突破本能的重要意义。

（2）建立团队内部的信任感，理解信任和承诺的重要性和力量，发扬团队精神、互相帮助，感悟制度的制定与保障对完成任务的价值。

（3）树立绝不放弃的信念，克服人性的弱点，为团队目标的实现而努力。

图4-5　玩法介绍

图4-6　项目开展

（4）理解变革中产生恐惧的原因以及过渡时期的暂时失控状态，体验可能与不可能的界限。

（5）换位思考，认识到工作中小有成就时不只是个人成绩而是有赖于团队中每个人辛苦的付出，培养团队内部的相互包容与协调。

三、准备工作

需要准备一条静力绳或拔河绳，每个人一副手套，人数建议10人以上。

如果是圆绳，需要戴手套，如果是软质宽绳，可不戴手套，建议最好配备专业动力圈绳。

四、项目流程

（1）除挑战者外的所有队员围成一圈，胳膊伸直不打弯，五指紧握绳子，不可虚握，将绳拉成一个满满的圆并一起坐下，即完成第一项流程。

（2）所有人尽可能地往后坐，腰挺直，五指紧握绳子，将绳子拉满。作为挑战者的伙伴在绳上行走一圈，绳子不变形，第二项任务挑战成功。

（3）设定挑战目标，可以用以往学员的成绩激励挑战者，一般可完成数十圈甚至上百圈。

（4）挑战者完成目标后，队员们不可立即松绳，防止摔倒。

图4-7　公司团建中的动力圈体验中

图4-8　青少年户外活动中动力圈的体验

五、项目要点

（一）引导提问

鼓励每一位学员都讲讲自己的感受并倡导交流、提问，注意尤其要鼓励内向或完成度较低的学员，可以引导他们联系生活实际讲讲一个人是否可以独立完成某项任务。注意表扬活动中的突出者与顽强者。

（二）催化分享

尽量让所有学员都谈一点体会，特别要鼓励、启发沉默的学员说话，让表现突出的学员重点发言，大家评论。注意表扬第一尝试者，鼓励胆怯者，强调团体协作的力量，帮助学员强化团队意识。

图4-9　青少年体验在绳子上行走

图4-10　在室内开展动力圈

（三）总结提升

中心思想：强调甘为人梯、精诚协作的精神。帮助大家进一步理解整体布局、科学分工、人尽其才的重要性。

六、注意事项

（1）有严重腰椎、颈椎、心脏问题的不适宜参与。

（2）学员在绳圈上行走时，助教要在学员旁保护其不摔倒在地。

（3）地面上的学员要齐力向外保证绳圈一直处于紧绷状态，以免绳子松软导致学员行走时出现安全问题。

（4）该活动重在团队协作，一个人放手则全盘皆输，因此所有人都要坚持不放弃，为同一个目标奋斗。

第三节　担架接力

一、项目产生的背景

在1947年的《东北日报》上曾刊登这样一首诗歌，即《担架队之歌——为西满担架运输队的英雄们而作》。文中写道："头戴毡帽，脚穿棉靴，咱是翻身的农民，帮咱的队伍抬担架。担架抬得平，脚步放得轻，不叫伤员受饿，不叫伤员受冻。"这正是解放战争时期东北地区的人民群众在炮火中不畏严寒、不怕牺牲，用担架转运我军伤员的情景。在提倡"弘扬革命传统、发扬奋斗精神"的大背景下，近几年红色主题的拓展团建活动越来越多，现场制作简易担架，之后进行担架抬"伤员"的接力比赛，也是一个强调动手能力的团建项目。

二、简易担架的制作

物料：衣服+竹竿。

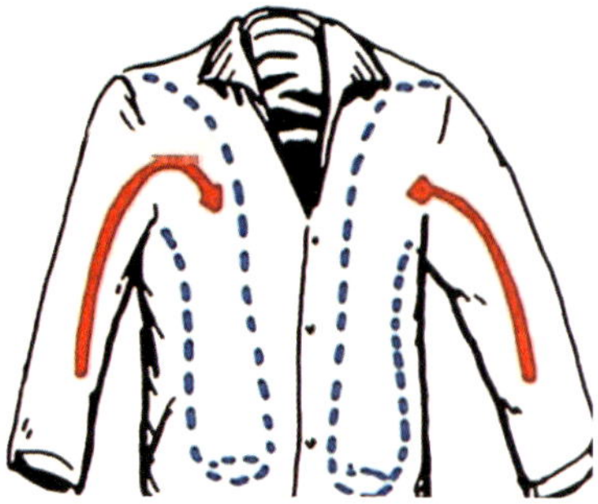

图4-11　衣服折叠示意图

图4-12　竹竿＋衣服制作的简易担架示意图

适用：简易担架作为医用担架的代替工具，用于非骨折的伤病员。

（1）一人双手握住两根竹竿（注意竹竿要有足够的承载能力）的一端，稍俯身向下。

（2）由另一人将队友的外套（需先将纽扣或拉链扣紧）或毛衣（注意衣服必须足够结实）经头部脱出，直接套到两根竹竿上。

（3）另一端同样操作。

（4）整理和检查确保牢固后，一副轻便的担架就完成了。

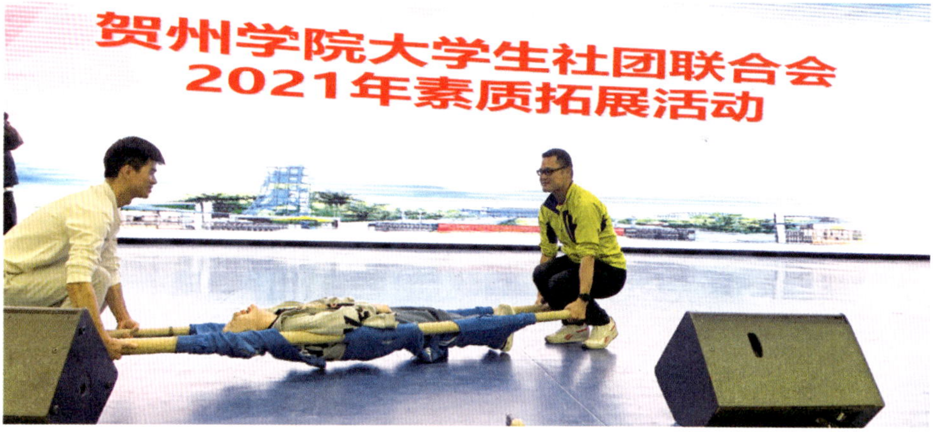

图4-13　简易担架搭建完成

三、具体接力方法

具体接力方法：每一组提前准备好直径5厘米、长度1.8～2.5米长的竹子两

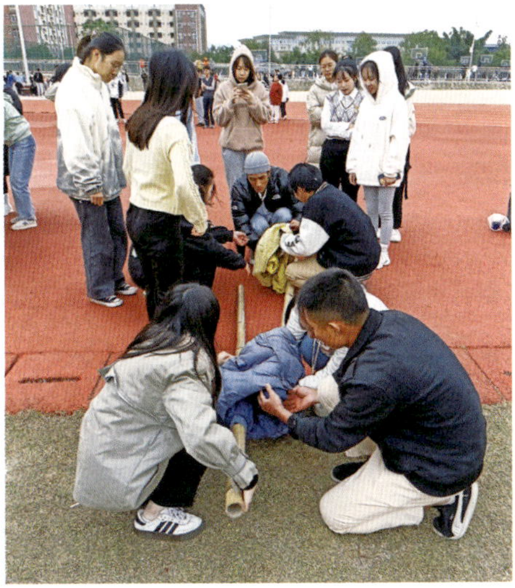

图4-14　担架制作中

图4-15　担架接力行进中

根，衣服用队员身上或者额外准备的。哨声一响，要求以小组为单位制作简易担架，然后按照要求，把队员（或人形道具）运送到指定位置，用时最短的小组为胜者。

第四节　雷区取水

拓展训练项目雷区取水在团队建设活动中被广泛应用，在增强团队凝聚力、配合能力、默契程度等方面有着很好的效果。

一、活动场景再现

拓展教练："同志们请注意，我们现在的战场上条件很艰苦，要比上甘岭还要艰苦，没有水，缺水怎么办，我们要想办法解决。大家看到了吗，绳子围成的圈里有水，但是里面布满地雷，我们不能碰到圈里任何地方，只要地雷一响，敌机马上会飞过来轰炸我们。而且我们只有20分钟，时间一过，大家都有危险。我们的工具只有这三根绳子。最后哪一组用时最少即为胜者。"

二、活动目的及意义

雷区取水拓展训练项目，主要从以下几方面体现活动的目的与意义。

（1）培养队员的周密计划以及组织协调能力。

（2）培养队员的创造力和想象力。

（3）让学员充分体验到在解决问题过程中的倾听以及沟通的重要性。

（4）分工合作，分工明确，发挥每个人的长处，并听取每个人的意见，注意是否发挥了监督员的作用。

（5）在行动中完善执行方案，要完成如此困难的任务，应该有一个策划到决策的过程，同时这个过程，也是集体学习的过程。执行过程中要根据实际操作情况随时调整。

（6）选择合适的人做合适的事，培养为集体奉献、团结一致、密切合作、克服困难的团队精神。

（7）有效资源使用能发挥最大效力，注意完美、时间、效果和安全之间的关系。

（8）体验团队协作、沟通和队员分工在工作中的不能缺失。

图4-16　雷区取水进行中

三、心得体会

（一）团队合作与人力资源的科学配备

个人的力量是渺小的，只有团队的力量才能获得成功，没有整个团队成员的努力，绝对取不了水。把合适的人用到合适的位置，让力气大的人拉绳子，体重较轻的人去取水。

（二）统一的指挥与合理的建议、论证、实践

一个团队必须有统一的指挥，不然往往会在队员刚要接触到杯子的时候大家都很激动，都在指挥，取水的队员不知道听谁的，结果判断失误把杯子弄倒了。队员应该审时度势提出合理建议，且需要论证和实践才能知道此方法行不行得通。

（三）细节与目标

细节决定成败，每一个步骤的成功才能保证最后一次的成功。个人目标和组织目标的一致是成功的前提。

图4-17　在草地上开展雷区取水活动更加安全

第五节　击鼓颠球

一、项目简介

击鼓颠球又叫鼓动心声、动感颠球、鼓动人心、动感弹球，这是一个要求团队高度协作的项目。项目需要大家在短时间内制定出达成目标的方案，并在执行过程中协调一致。实际操作时，难免会遭遇排球落地、落在绳子或学员身上等失败的情况。这就要求学员们在认真负责的同时能够沉下心来，承受失败的挫折，越挫越勇，持之以恒，最终成功地完成任务。该项目意在培养队员不怕挫折、勇于拼搏、不断进取、争创佳绩的精神，提升队员在经历挫折和身处压力环境下的心理承受力。

二、击鼓颠球的要求

（1）人数：每组5～17人（根据鼓的绳数定人数，其中有一位学员放球）。

（2）游戏时间：30分钟练习+10分钟比赛。

（3）场地要求：平整空旷的场地（每组需30平方米以上）。

图4-18　击鼓颠球进行中

图4-19　击鼓颠球项目练习中

（4）游戏道具：每组需专业的击鼓颠球大鼓一面（鼓侧面拴有8～16根扁带的）、排球或同类用球一个。

三、击鼓颠球的规则与目标

（一）规则

（1）要求所有参与者在保证自身安全的情况下，尽可能地创造更多的颠球数量。

（2）每一位参与者牵拉一根或两根击鼓颠球鼓上的扁带绳子将鼓支撑起来。

（3）抓绳子要求：颠球时学员必须握住扁带绳头30厘米以内的地方，如若大鼓扁带绳头处有手持把柄则只能握住把柄，不得超出这个范围，超出者属犯规。

（4）把排球放在鼓面上，在参与者的通力协作下，使鼓有节奏地平稳地让排球连续地颠起，排球颠起的高度必须超过20厘米（即鼓面与排球的底侧中间的距离），在规定时间内，依据排球颠起的总数量进行排名。

（5）统计规则：游戏过程中，排球落到鼓面以外其他地方的，如落到扁带绳子上、参与者身上、地上等都不计数。

（6）注意事项：游戏开始后鼓不得落地，球飞离鼓面后，不得将鼓摔落在地上，放下时要缓慢；教练叫停时必须停止，因场地原因或其他事件停止，可以据情况决定是否累加。

（二）目标

击鼓颠球的活动过程中，学员的目标要明确。

（1）要将注意力集中在目标上，投入与收获是成正比的，要全身心投入。

（2）鼓要平，心也要平，塑造平和面对的心态。做好对自我以及团队成员心态、情绪的调整。

（3）如何减少内耗，形成合力，这是我们现在以及未来都需要面对的课题。

（4）个人在团队中的作用会影响整个团队的发挥，所以要努力帮助每一位队员成长进步。

（5）球在不断地变化，鼓也要不断地调整。不能用一成不变的方法去应对时刻变化的环境。

四、心得体会

以某次拓展训练项目中的击鼓颠球为例，感触颇深。10支队伍，每组9人，8人拉绳，1人拿球，1分钟内成绩好的团队颠球可达56个，而差的不到20个，成绩好的团队之所以能如此优秀主要原因有以下几点。

（一）相互鼓励，建立信任

相互鼓励，建立信任，这样团队才会更和谐、更有凝聚力。诚信，对己诚，待人诚，信自己，信他人，诚信对于现代团队非常重要，诚信会带来一系列的积极反应，内部互相信任友爱，在外对合作伙伴诚心相待，这些都是利于发展的良好因素。

（二）情绪的鼓励与调节

一个成熟的团队是和谐的团队，团队的发展分为五个阶段：成立期、磨合期、稳定期、高产期、调整期。每一个阶段都需要注意团队成员的情绪和状态，并对其进行相应的鼓励、调节。

（三）相互协作，认真沟通与配合

在击鼓颠球活动中，每组成员都要相互协作，认真沟通与配合，经过一步步演练和一次次总结，在活动中不断突破前次记录，挑战自我。一个人颠球容易，一群人颠球难，因为每个人有自己的想法，要学会沟通，配合他人，尝试不同的方法。

（四）善于反思自己

出现问题时，不要先指责别人，首先要反思自己。有时候问题之所以会越解决越麻烦，就是因为大家并不是把精力放在解决问题或找方法上，而是放在推卸责任或指责他人上了。

第六节　不倒森林

一、项目简介

不倒森林，又名移形换位、扶小树，这是一个理念鲜明、易于操作的团建培训项目。要求每个人手拿一根1.2米的塑料杆（也可以用船桨代替）围成一个圆，用右手掌心抵住塑料杆一头，将塑料杆立在地上，在塑料杆不倒的情况

图4-20　利用船桨开展不倒森林项目的团队建设

图4-21　团队之间进行不倒森林项目的比赛

下迅速向前移动，并用手抵住前面队友的塑料杆，在交接中杆子不能落地，如果落地就必须重新开始。每个人转了一圈后再次回到原位，游戏才算过关。这个游戏看似非常简单，但实际操作起来非常不容易，能提升学员的团结互助精神以及专注度。

二、准备事项

场地与物品/器械准备：一块平整开阔的场地，保证组与组之间互不干扰；10根1.2米长、直径2厘米的PVC管或竹竿，在水上俱乐部也可以使用船桨。每组10人为宜，时间控制在15分钟左右。

三、游戏规则

每组队员围成一个圆，面向圆心站立，间距一步左右。左手放到背后，右手掌心压住PVC管的顶部，使其竖立起来。集体开始顺时针或逆时针移动，即向旁边移动一步，人动，管不动，并且管不能倒。在移动过程中，左手始终在背后，不得触管。移动过程中，右手不得抓握PVC管，始终只能用掌心压住管的顶部。如此移动10次，则项目完成，如果期间出现违规情况，则重新开始计数。

图4-22　不倒森林进行中1

四、活动变通和布控要点

在实际的开展活动过程中，我们可以视器材和场地情况适当减小或增大人与人之间的距离。同时还可以根据学员能力，调整项目难度。如可以将两组合起来做，这样难度会陡增。游戏难度调整方法有：顺时针移动、逆时针移动、相邻移动、间隔移动等。项目过程中要求PVC管既不可倒地，也不可离地。另外，特别要提醒队员不要用PVC管嬉戏打闹。

图4-23　不倒森林进行中2

五、意义

不倒森林项目不但能够锻炼个人快速反应的能力，还能够锻炼团队成员间的协调及默契，考察团队成员的合作精神，提升彼此的容忍和配合度。帮助队员更好地实现共同的目标和跨部门合作；建立相互支持、互相鼓励的团队氛围；学会用平常心对待新的、严峻的挑战。

图4-24　桨板下水之前组织玩不倒森林项目

六、经验总结和心得体会

在不倒森林项目结束后，需要及时地总结经验，可以从以下三个方面进行梳理：第一，队员关注的目标是自己的PVC管还是旁边队友的PVC管？第二，当团队反复失败，反复重新计数时，个人的心情如何？是停下来休息、思考，还是多加练习？第三，领导力在这个项目中如何体现出来？

图4-25　利用飞盘开展不倒森林项目

图4-26　不倒森林项目中对失败者的惩罚

针对不倒森林这一项目，可结合日常的学习、工作进行心得体会的分享：让学员体会团队合作的精神、团队成员间的协调及默契；锻炼个人的快速反应能力，培养个人在团队协作中计划、组织、指挥的能力；把握个体与集体的关系，找准自己在团队中的位置；换位思考，为他人着想；注重细节，保持专注，才能成功。独木难支，二木成林，三木即为森林，大家协调配合，共同努力，才能组成蕴涵巨大能量的不倒森林。

第五章

户外陆上无器械团队建设项目

第一节　信任背摔

一、项目简介

这是一个大家都比较熟悉的经典拓展训练项目，参训的每个队员都要笔直地从1.5米高的平台上向后倒下，而其他队员则伸出双手接住并保护他。每组人数建议为15～20人，场地上最好有专业的背摔台或者适当高度的高台。准备好束手绳、垫子，时间控制在40分钟左右。

现实生活中每个人都希望可以和他人相互信任。要获得他人的信任，就要先做个富有责任感、值得他人信任的人。这个拓展训练项目能让使队员在活动中建立及加强对伙伴的信任感，并提升自身的责任感。

图5-1　信任背摔的倒下瞬间

二、项目目标

信任背摔项目的目标体主要有这几点：首先是建立和体会信任，信任同伴、信任公司、信任社会，信任他人才会赢得他人的信任；其次是承担责任，对他人、团队富有责任心地付出后，也会得到他人、团队的帮助与支持；再次是强化换位思考的意识，站在对方的角度思考问题，架起相互之间理解的桥梁；最后是通过身体接触，拉近队员之间的距离，实现情感沟通。

三、目的及意义

（一）提升勇气，促进沟通和信任

中国古代典籍《墨子》中有这样一句话：战虽有阵，勇为本。勇气是我们在工作和生活中必备的基本素质。

沟通分为有效的沟通和无效的沟通，而沟通也是双向的，该项目的进行促使队员不断双向充分沟通、有效沟通，才能确保队员们的安全和任务的完成。

任何时候信任都是人与人之间建立良好关系的基础，信任的三个维度分为：自信、他信、信他。另外信任来源于能力和态度。

（二）强化自省意识，优化团队氛围

自省是成长的开始。自己的形象有两个层面：一个是“自己眼中的自己”，即我就是这样的人；另一个是“别人眼中的自己”，即“他就是这样的人”。当我们评价自己时，可能更多地看到自己好的一面；而当别人看到我们时，则常看到不好的一面。因此尤其在团队中，我们应时常自省，不断完善和提升自己，实现自我成长。

富有信任感、责任心、奉献精神的团队会形成一个良好的氛围，而这是形成一个良好团队的基础，也是项目成功的基本保障。对自己无法控制的局面，靠理智及对同伴的信任战胜恐惧，切身体验什么是“充分信任、相互依赖、共同进步”的团队价值。

图5-2 信任背摔的空中姿势

四、操作步骤和方法

（一）体验原地直体后倒身体着垫的感受

直体后倒的要领是“身体直立两腿并，臂部（肌肉）夹紧（两）肩后张，自然后倒不蹬地”，教练应详细讲解并进行示范。然后各小组分别用跳高海绵包进行练习，体验原地直体后倒、身体着垫的感受。

（二）高位直体后倒，战胜自我，消除恐惧感

让队员从1米的高度和2米的高度练习直体后倒，倒在两层大约80厘米厚度的海绵包上，要领同上，使练习者体验从克服极度恐惧到战胜自我的成功喜悦。同组队员在垫子的三面进行保护并观摩练习者的动作。

（三）完整练习，增强责任心和信任感

练习者从2米的高台上直体后倒，小组其他成员分为两队，面对面站立后手拉手形成保护网，接住练习者，确保练习者的安全。保护者对同伴的安全要有高度的责任感，练习者对同伴的保护要绝对信任。练习时为了安全，在手拉手形成的保护网下仍保留一块跳高用的厚海绵垫。

五、动作布置及安全规则

（一）接人者动作布置及姿势要点

身高相近且面对面站立的接人者均右弓步站稳，双手伸出，手掌掌心向上交叠放在对方锁骨上（五指并拢、拇指不能向上），同一组的两个人都要将脚和膝盖贴紧相抵，腰部用力挺直，保持重心稳定，双臂向前平举与肩同高，掌心与肘窝内侧都向上，指尖触到对方的肩膀，双臂自然微曲绷住力，四条臂膀交错，胳膊之间不留空隙，抬头斜向上45度看向背摔者的后背。承接者必须肩并肩排列，面对面的学员要靠近至双手能抓到对方身体，掌心向上，手臂间隔均匀排列，侧仰头注视背摔者的背，做好承接的准备。如果背摔者倒偏了，要及时调整位置，以稳稳地接住背摔队员。

（二）背摔者动作布置及姿势要点

背摔者手部的准备动作：双手平伸交叉，掌心相对，十指互扣，由内向上反翻到胸前，双肘向内收紧，拳头抵住下颚。腿部绑带后，令背摔者站在站台上进行以下动作：脚跟并拢、膝盖绷直、腰挺直、含胸、低头、双手抵住下颚，准备背摔。背摔者倒下时，挺胸直腰，臀部和膝盖不要弯曲，肘关节收紧，不打开，不可以抬腿，不可以跳下或者向后跃出。

图5-3　信任背摔保护者的队形

（三）参与者身体状况检查

脊椎、腰部受过伤和有心脏病高血压以及体重超过100公斤的学员不宜参加。参与者必须提前取下身上所有的硬物，包括手表、手机、钥匙、打火机等。

（四）接住背摔者后的注意事项

接住挑战队员之后不可以鼓掌庆祝，应先放脚，让挑战队员自行站立。队长站在承接队伍的队尾，负责用双手接背摔者的头和调整承接者的排列。队长背摔时，找人替换。

六、心得体会

（一）我为人人，人人为我

一个优秀的团队，团队成员必须相互团结、信任与协作。每一次齐心协力的团结合作，每一次成功之后的热情相拥，每一次完成项目后的坦诚分享，都会让彼此之间多一份了解，多一份亲切，多一份友情。我为人人，人人为我，对待帮助自己的人，要有感恩的心，学会帮助别人，才会被别人帮助。

（二）群策群力，分工协作

一个人的成功不能代表整个团队的成功，只有团队成员群策群力，齐心协力，才能最终完成团队目标。很多事靠个人的力量根本无法完成，必须依靠集体的力量协同配合，这就是组建团队的意义和价值。一个团队成立时，一定要建立强有力的组织指挥体系，进行合理的分工和协作，才能保证团队工作有序开展。

（三）勇于挑战，敢于承诺

在工作、生活中，遇到困难并不可怕，怕的是失去解决困难的勇气和信心！心理的障碍是最难逾越的，强者首先就必须挑战恐惧感，勇敢地跨出一步，也许就能抓住属于自己的机会，实现大步的跨越。

当台上的人问："我要跳了，你们准备好了吗?"台下所有同伴异口同声地回答："我们准备好了，请相信我们!"这就是承诺。团队同伴的承诺是一种宝贵的资源，是勇气、力量和信心的源泉。承诺体现了一种责任感，当说出自己的承诺时，相当于把自己的人品、信誉、责任心置于考验中。

（四）彼此信任，从容放松

台下同伴表现出严阵以待、精神高度集中的状态，能让台上同事抛开心中的疑虑放心地背摔下去，这体现了彼此间信任的作用。工作中的信任，来自长期的沟通、了解和默契。集体的温暖、团队的力量都会在信任中得到升华。

只有在心理放松、姿势标准、从容不迫的情况下，倒下的人最安全，接的人也最省力。而当我们对同伴或者团队出现信任危机时，就会迟疑，然后动作就会变形，不仅自己可能受伤，还会损害团队的利益。

七、信任背摔的安全隐患及预防措施

信任背摔是事故率最高的拓展培训项目之一，也是非常成熟的传统经典项目，如果严格按规范操作很安全。安全隐患及预防措施主要有以下几点。

1. 摔偏及预防措施

严重摔偏一般是培训师的判断问题。所以准备充分后，培训师要通过目测检视保护队形是否与背摔者方向保持一致。在前期项目布置的组织保护队形时，这一点是培训师必须提醒的。如果保护人员比较多，超过12人时，可以专门安排一个人站在队尾帮助培训师检视队形。轻微的偏离也可能伤害保护者，所以建议保护者尽最大可能加大保护宽度：尽量不要采取保护者双手叠放置于对方肩上的办法，而是“两肩夹一膀”（A学员和B学员四只手从左到右依次为A左手、B右手、A右手、B左手，几乎无间隙地在一个平面上），而且要求统统夹住对方右膀，这时，右手的指尖触及对方的肩窝。保护者头部后仰，项目开始前，培训师站在背摔台上，发出左右指令，指导保护者进行队形横向移动。培训师在放开背摔者之前，右手扶住其双手，左手扶住其腰，可以帮助背摔者控制方向。

2. 直立状态下落及预防措施

造成直立状态下落的原因是背摔者过于紧张。培训师要特别关注背摔者的情绪状态，除了采取言语安抚和鼓励外，要检视背摔者膝盖挺直的情况，在背摔者开始后仰的一刹那要大声提醒。

3. 着地不稳及预防措施

背摔者后仰过程中，很多人是处于眩晕状态的。若是被接后双脚没有先触地，而是先被放开上身，背摔者则可能受伤。因此背摔者后仰后，培训师要大声提示：“先放脚，后面扶正，解开绑带!”

4. 保护者精力不集中导致接不住背摔者及预防措施

当保护者反馈声音不整齐、不洪亮或者有人态度不认真的时候，则很可能接不住背摔者，此时培训师就要进行郑重提醒、动员，命令团队全身心投入。

第二节 生命之举

一、项目背景

2008年5月13日，原成都军区空军航空兵某师官兵在东林寺废墟中营救出一名重伤员。由于山体严重滑坡，公路被掩埋，一个泥泞难行、高约40米、约60度的陡坡成为转移伤员的唯一通道。官兵们搭成“人梯”，组成了一条生命通道，举着双手传递担架，轮流托举着被固定在简易担架上的重伤员，直至将其平安送医，脱离危险。这个经典瞬间被原成都军区空军专职摄影记者刘应华定格下来，命名为《众志成城 托举生命》。

凝重的背影，鲜活的生命，身着雨衣的军人站在峭壁上，挺立成山，坚定地伸出双手，托举起危难中的生命。这一永恒的瞬间成为无声的历史。一图胜千言，感动于那托起了无数生命的双肩，感动于那拉住了无数生命的双手，很多户外俱乐部受“托举生命”的启发，创编了相关的团建拓展项目。

图5-4　公司团建中的生命之举

二、项目目的

生命之举项目可以使参与者认识自身潜能，增强自信心；让参与者在团队协作中找到适合自己的位置；同时克服心理惰性，磨炼战胜困难的意志；对加强队员间的信任与合作，增强团队凝聚力起到一个很好的促进作用。

图5-5　生命之举竞速中

三、比赛方法

生命之举项目的开展，可以采用从托起至比赛结束以托举时间最长的队伍获胜的方法；也可以采用接力的方式进行，即设置起点、终点和接力形式，最先到达终点的队伍获胜。过程中，教练可设置一些障碍，如：朝托举者身上泼水，或是撞击托举者，以增加托举及队伍行进难度，也能起到活跃气氛的作用。

图5-6　生命之举项目中的泼水环节

四、心得体会

（一）贵在包容

包容是一种气度，更是一种智慧，包容他人，总有一天也会被他人包容。包容能让我们工作中更好地与同事合作，更好地融入团队。一个优秀的团队，包容不可或缺，我们每个人都会从中受益。

（二）乐于奉献

在团队中我们要乐于奉献和付出，乐于奉献、成就他人就是成就自我。如果每一个人都乐于奉献，就能积极推动全局的发展和团队的胜利，而团队赢就是大家共赢。

（三）信任与坚持

其实在生活中，家人、朋友都一直托举着我们的幸福，他们的付出，都源于对我们的信任。而在工作中，我们更应该相互信任，增强团队凝聚力，挖掘自身潜能，坚持不懈，为团队贡献自身的力量。

图5-7 生命之举临近终点

第三节 搭人塔

一、项目简介

“搭人塔”起源于18世纪末西班牙加泰罗尼亚南部的巴尔斯。在加泰罗尼亚语中，“搭人塔”的意思是城堡。搭人塔游戏秉承“力量、冷静、勇气、理智”的宗旨。其中，力量代表粗犷强壮的基层搭塔队员；冷静和良好的平衡是对每层支撑上塔的队员的基本要求；塔尖封顶的人是勇气的代言人；同时，理智无疑是“造塔”团队成员最显著的特征。人塔的搭建一般分为两个阶段：第一个阶段，构建人塔的基层，而基层的稳固是人塔继续向上搭建的首要条件；第二阶段，搭塔团队发出信号，乐队开始演奏，每一层的搭建人员需要小心谨慎地攀爬到指定位置，然后尽快地完成搭建工作。当最高一层的队员爬到塔顶，举起一只手示意，人塔才算正式搭建成功。最后，搭塔人是在观众的欢呼呐喊中一层一层地开始拆卸直至最后完成卸塔，“搭人塔”活动才算大功告成。

二、活动规则

在规定时间内可以多次攀爬，以所摘塔上音乐符的高度为最终有效成绩；攀爬过程中，不允许借助高空保护装置；二层以上人员必须穿着规定保护装置，未经培训师许可，任何人不允许擅自攀爬；只允许在监控培训师制定的方位进行攀爬，二层以上人员不允许进行交叉换位，否则视为违规；登顶队员不允许与下层队员脱离。

图5-8 体育课程中的搭人塔

三、安全规则

基层人员全程要手腕和手腕相扣，确保稳定，攀爬人员在攀爬过程中，严禁踩踏他人的膝关节、肩关节、颈部、脊柱和头部，只可以踩大腿的根部、肩关节和颈部之间的部位；无论攀爬的队员还是下方做人梯的队员，觉得有何不适或者感觉自己有危险时，一定要尽快大声示意；培训师发现参赛队员动作有危险或不合适时要果断叫停，所有队员要服从培训师口令。

图5-9 搭人塔保护中

四、项目目的

搭人塔项目能够帮助参与者激发个人潜能，客观定位自己，增强自信心，打破心理惯性，克服困难，更积极地面对工作、学习、生活的挑战。如采取有效措施改善人际关系，学会关心、激励和信任对方，与团队成员之间默契配合，形成积极、团结、互助的团队氛围。

图5-10　另一种搭人塔的方法

图5-11　成功搭出五层人塔

第四节 定向闯关

一、项目简介

定向闯关起源于北欧，是利用地图和指南针到达地图上指定的点，并以耗时最短者为优胜方，通常在户外进行，以组为单位，一般两到三人一组。每个小组利用指南针等工具，通过自己的学识、判断，分析完成组织方统一制作的问卷，并到达终点。

定向闯关既是一项运动，带领大家在户外以各种形式奔跑，也是一次娱乐，在户外竞技类综艺节目中被运用得淋漓尽致；定向闯关是一次旅行，让人们在景区不再走马观花，更是一次出彩的团建，经过定制和改编，充满了趣味性，也突出了团队协作。

定向闯关团建正是定向运动和户外团建活动相互结合，而形成的一种全新的户外体验式团建方式；是以定向运动技术为原理，充分整合各种资源，融入科技手段，运用独特的情景设计，帮助团队成员调整心态，启动正向心智模式，以期完善个人行为，达到团队建设、休闲娱乐等目的的一种活动方式。

图5-12 趣味定向闯关活动

二、具体方法

参加的人员按照各自的线路，从出发点手机扫码计时出发，按照系统的提示，参照定向地图、指南针，找到所有的目标点，并在每个闯关点完成闯关任务（线上答题或线下拓展项目），整个活动以跑步或徒步方式完成。企业团建活动，可以根据参加人数的性别、年龄、身体状况，设置不同的路线和规则。可设置团队赛或个人赛，同一场地可以多条线路同时开展。

定向闯关活动对于场地要求简单，公园、办公楼、郊野都可以开展，不但可以锻炼身体，而且可以培养团队协作精神。通过加入互联网答题环节，还可以将企业文化、行业知识、规章制度等内容融入活动中，提升参与者的学习主动性。

三、定向闯关的环境选择

定向闯关既可以在现代城市，也可以在古色古香的特色小镇，还可以在历史名胜风景区。

跟着手机导航走，相应的闯关知识随时更新，能够收获丰富的城市故事。

公园定向闯关之所以深受欢迎，是因为公园是城市的小景区，不但风光好，而且人文历史知识也非常丰富。其次，公园空地大，适合团队集合、玩游戏、合影等，而且公园距离城市较近，或者就在市内，交通方便。

建筑是城市的灵魂，是城市发展历程的标志，任何一个城市，都有其标志性的建筑。历史建筑定向团建不但能帮助队员了解关于城市老建筑的故事，也能帮助队员从中获得自我提升。

图5-13　钟山十里画廊景区趣味定向闯关活动

图5-14 黄姚古镇趣味定向闯关活动中查找资料回答问题

四、定向闯关在团建中的作用

（1）了解、掌握思考问题和解决问题的系统方法，提高解决问题的能力。

（2）帮助队员理解团队目标、团队使命和行为规范的重要性。

图5-15 以红色文化为主题开展的黄姚古镇趣味定向闯关活动

（3）提升团队决策力、团队合作力、团队变革意识。

（4）提升计划能力，激发创新精神；回归自然，放松身心，增进感情。

图5-16　以青年人才交流为主题的定向闯关活动

第六章

户外水上团队建设项目

第一节　水上魔毯

一、项目简介

水上魔毯由高密度聚乙烯闭孔泡沫板加工制造而成，利用水的浮力，可以稳定地漂浮在水面上，即使有浪打来，也不会被掀翻，安全可靠。水上魔毯是极具趣味的一种夏季水上团建游戏，一张长5.5米、宽3.3米的水上魔毯可以载重约600公斤，有了这个道具便可以在水面上跳跃奔跑，安排各种比赛。水上魔毯的四周柔软圆滑，通体柔软，完全不必担心有划伤身体的可能，人躺在上面不会有任何不适。从水中拿到岸上晾晒，可以很快晾干，晾干后可像普通的沙滩垫一样卷起来，方便携带，占用空间也小。

水上魔毯还可以铺在沙滩上晒太阳，铺在草地上聚餐，铺在山坡上晒太阳。

二、水上魔毯团队建设组织的形式

（一）魔毯瑜伽

队员需在随波逐流的浮毯上控制身体平衡，做出各种有难度的瑜伽动作，完成水上瑜伽的挑战。

图6-1　水上魔毯活动启动

图6-2　水上魔毯团建活动进行中

图6-3 青少年体验水上魔毯1

图6-4 青少年体验水上魔毯2

（二）魔毯竞速

每个小组发放一块2米宽、5米长的水上魔毯，每个团队选出8个人同时在魔毯上面，利用各种方法进行团队的速度比赛，这时候可以把它当成一艘船。活动中是没有船桨的，所以团队要自行商量好如何去驱动魔毯前行，不管是手刨还是脚蹬都可以。

（三）魔毯竞赛

参与比赛的队员站在魔毯上面，进行奔跑、跳跃竞速等比赛，同时还可以有倒立、空翻这样的特技动作。这种动作如果是在地面上，非专业人员根本无法完成，也特别容易受伤，但是在魔毯上面操作则相对容易，可以做出平时根本不敢尝试的动作。

（四）魔毯游戏

像孤岛求生、撕名牌这样的游戏，也可以在魔毯上尽情地进行，不管是摔倒在上面还是掉到水里都不会受伤。这些都是夏季最热门的团建游戏，当然，穿上救生衣是必需的前提。

图6-5　青少年水上魔毯打擂台

第二节　扎筏泗渡

扎筏泗渡（又名抢滩登陆）是一项在水上进行的协作性、规划性极强的团队竞赛拓展项目，需要团队成员的有效沟通、密切配合。它适用于新组建的团队，集体动手创作出劳动成果，坚定目标，同心协力驶向成功的彼岸。

一、项目简介

项目适宜16～60人参与，每个小组8～12人。项目要求团队在规定的时间内扎成一只可以承载人渡河用的竹筏，所有人坐在扎好的筏子上，教练检查竹筏并确认其是否合格、牢固后，小组成员在河流中漂流一段时间，划竹筏到指定地点即为挑战成功。主要任务是在规定的时间内使用毛竹、麻绳、大塑料桶等材料，合作扎成能容纳全体组员的竹筏，并划到目的地。主要从竹筏行驶距

图6-6 教练做绳结技术的讲解示范

离、竹筏质量、完成时间这几个指标进行团队绩效考评。

二、项目目标

培养团队解决问题的能力，要求学员共同策划、共同学习、统筹决策，使学员明确工作绩效的产出标准（包括安全性、实用性、经济性）。分工协作是项目完成的保障，学员在实践中群策群力，通过“同在一条船上”的体验，认识到团体利益和个人利益息息相关，使团队中每一个人建立起团队利益共同体的意识。培养良好的合作意识，体验团队合作的重要意义，学会合理运用资源，学会并懂得沟通的重要意义，掌握沟通技巧。正视自身的能力，学会在压力下调整心态，以体能训练为载体，达到心理素质提高和升华的目的，感受体能极限，锻炼坚持到底的决心和毅力。

三、项目道具

要求为每个队员配备救生衣一件，每一组有长粗毛竹（约长4米，直径约10厘米）4根，短细毛竹（约长2米，直径约6厘米）5根，大塑料圆桶6只（每

图6-7　教练指导学员学习绳结和扎筏的技巧

只高约95厘米，直径约50厘米，或者用卡车轮子内胎代替），长绳（约长6米）6条，短绳（约长2.5米）8条，船桨6把。

四、项目场地

足够大的自然水面或标准游泳池；自然水面堤岸质硬、平坦、开阔，便于观察和救护；户外气温20℃以上。

图6-8　团队建设队员完成扎筏后试水

五、注意事项

在搬运器材的过程中一定要轻拿轻放，下水前要检查好救生衣的状况，特别要注意救生衣腰带是否系牢固，每个学员必须按规定穿好救生衣；扎筏成功下水及划行后，一定要划回岸边，禁止在划筏过程中跳离筏

图6-9 竹筏准备下水

子游泳；在筏子上不得嬉戏打闹。

六、项目安全要点

（一）组织者跟随

学员们的竹筏划出时，组织者必须划着桨板或者其他水上工具跟随学员们的竹筏。

（二）注意清点人数

出发和返回时必须清点人数，非本队学员不得参与本项活动。

（三）了解学员的游泳技能

出发前培训师应了解学员是否会游泳等情况，在出现特殊情况时有重点地进行保护。

（四）随时做好救生准备

组织者必须穿救生衣，并且准备好救生、救护用品，如救生圈、绳索（一端系好漂浮物）、竹竿、木板等，随时准备救生。

（五）突发情况处理

筏子散落时，组织者必须保持冷静，注意观察，重点监控不会游泳者的位置，出现紧急情况，立刻进行器材救护或直接入水救护。

根据水域情况，指导学员学习自救方法。若遇筏子散落、学员落水、不会游泳者惊慌失措，培训师要迅速靠近落水者，大声指导学员保持镇静，放松身体，帮助其恢复身体平衡后带其慢慢划回岸边。

（六）入水、上岸注意事项

下水之前安排学员做准备活动，提醒学员注意避免扎脚，摘去眼镜、手表等物品。筏子入水、上岸时学员不准站在筏子的前后。

七、项目操作要点

（一）项目布置

培训师必须确认器材的安全性（包括救生衣）；对不会游泳的学员，进行鼓励和相关技术讲解，消除其心理障碍；强调团队合作是每一个人安全抵达目标的保证，强调入水后对筏子牢固性的要求；消除队员急于求成的心理，强调最重要的目标是完成全员安全往返任务，而不是一味追求速度。

（二）活动阶段

培训师的助理在活动过程中进行关键点和典型事例记录，并在必要时进行时间控制、技术指导；小组讨论时间过长时予以提示，提示队员注意竹筏的坚固程度；竹筏下水即散落时如还有一定剩余时间组织再次扎筏，不能轻言放弃，但要注意观察队员此时的表现，对于队员违反安全规则的行为予以及时制止；任务开始和完成以后带领队员唱队歌进行庆祝，注意调动队员的积极性和团队精神。

图6-10　扎筏泅渡竞速出发前

图6-11　泅渡

图6-12 扎筏泅渡竞速过程中两筏相遇

八、项目心得体会

扎筏并不是一个简单的项目，活动中需要计划、组织、指挥、沟通、互助等。每个参训队员都要对活动进行回顾，并做出简单的总结；队长要对全队整体及个人在项目中的表现进行回顾，总结经验教训；队员也可对其他同伴的表现进行评价和总结，对于表现优秀的队员要多加鼓励。

（一）团体协作是成功的前提

项目体现了团体协作的力量，个人利益和团队利益是相互结合的。个人的强大与团体的强大是紧密相连的，个人所在团体的建设是个人成功的前提。

（二）激发个人潜能

根据个人的不同特质，队长给队员合理分配工作，让有特长的个人到能发挥其优势的位置上去，这样才能使每个人都尽可能发挥潜能。

（三）教练适当引导

教练要注意，在讨论过程中，一些正确的建议被忽视或者被否决了，教练要适时地予以恰当引导，如可以拿一些案例进行示范，让学员提高沟通效率，

图6-13　合力完成扎筏泅渡

图6-14　扎筏完成后的合影

增强学员善于倾听他人看法的意识；引导队员认识到，在决策上一定要集思广益，对那些微弱的声音也不能忽视。

（四）有效沟通，互相包容

这个拓展项目让大家明白了要团队齐心协力、互相包容才可以获取胜利的道理，做任何事情，有效沟通是使团队凝聚在一起的关键，每个任务、每项工作都是一次次沟通促成的。在团队伙伴犯错或配合不够默契的时候，要有一颗包容的心，多想一想自己曾经的不足，有效地自我检讨能平息怒气，如此一来就容易谅解别人，容易在与伙伴的沟通中增进相互了解、增进友谊。

第三节　载人纸船

一、载人纸船的起源

早在20世纪60年代，美国南伊利诺伊大学的师生就提出了“划纸船”这个概念，当时是将其作为一个设计课题。20世纪80年代，纸船开始逐渐风靡美国。美国阿肯色州的赫伯斯普林斯镇为了促进当地旅游业的发展，由商会和

图6-15　纸船试水

报社成员牵头成立了“纸板划船世界锦标赛”。不过这项比赛并不是比谁划得快或者划得远，而是比谁的船做得有创意，更受观众欢迎，而且还单独设立了“泰坦尼克奖”，专门授予最引人注目的沉没船只。之后，这项运动也慢慢流行到了其他国家。

2014年韩国举行了首届划纸船过江大赛。比赛在首尔汉江公园举行，参加比赛的市民以家庭或小组为单位组成了160支比赛队伍。所有参赛者须十分认真地制造自己的纸船，并在纸船上画图写字进行装饰。纸船的大小也各有不同，有仅容得下一人乘坐的小纸船，也有两位成年男性坐得下的大船，还有必须站着划的“高船”。乘船过江的过程也十分不易，有的船走不了多远便被浪掀翻。

二、载人纸船的项目特点

（一）返璞归真，可玩性高

载人纸船团建活动参与度和可玩性极高，率真自然，以最原始、最真实的状态呈现。通过简单的主题和游戏规则，让大家快速融入到活动中，并且充分释放自我，培养学员团结协作的意识，进一步激发学员学习新知识的兴趣，提

图6-16　团队团结协作制作纸船1

图6-17　团队团结协作制作纸船2

图6-18　利用塑料水管制作船的龙骨支撑

升其解决实际问题的能力，并在分析、解决问题的过程中培养创新能力。

（二）注重团结协作，增进队友情谊

制造一艘船从来不是一个人的事。在纸船的创意策划设计制作、细节执行等各个环节，每个人都要发挥自己的作用，最终的完成需要充分依靠团队的力量。

图6-19　纸船完工准备试水

图6-20　下水前合影

图6-21　设计船底

在团队中，我们能深刻感受到集体荣誉的重要性，并肩作战让伙伴们迅速凝聚在一起，每个人都竭尽全力，相互鼓励，相互帮助，彼此间的友谊也更加深厚。

（三）废物利用，创意无限

废报纸、演算纸、白乳胶（代替封口胶）、丙烯酸涂料、水果刀、剪刀、卷尺、保鲜膜和废家电硬壳纸板等，都可以用来制作纸船。而就算是纸板制作的船，也因为独特的创意而具有很强的设计感，充分发挥了大家的创意。

三、载人纸船团建项目要点

（一）合理分工及合作的重要性

每个团队都要尽力制造这艘船，而小组成员之间的合理分工及合作是非常重要的。你们组中的四个人是如何分工的，解决问题的出发点和关键是什么，针对这些问题，要提出相应对策。我们必须了解每个人的能力，以确保每个人履行职责并取得最佳效果。

（二）制定计划，注重细节

比赛开始后，组员可以进行分工，两人负责造船，两人负责制旗。经过小组成员的讨论后，负责造船的参加者最终制定一套实施计划，由全队按照计划执行，并选出相应负责人监督相关项目的实施。实施过程中要注重细节的落实，尽可能达到事半功倍，如将稻草用皮筋固定于船底，可增加船舶的浮力和坚固性。

图6-22　纸船下水前

（三）沟通的重要性

在比赛过程中，团队成员之间的高效、顺畅沟通与合作是非常重要的。只有大家一起思考、共同努力，才能取得成功。

第七章

案例展示

第一节　主题冬令营展示

该案例的特点在于与我国古典文学中的经典故事“赤壁之战”相结合，具有较强的特色。

图7-1　赤壁之战主题冬令营宣传图

每个孩子都听过三国的故事，曹操刺杀董卓、刘关张三结义、刘备三顾茅庐、诸葛亮七擒孟获……而赤壁之战是诸多三国故事中最重要、规模最大、人才最集中的战事，也是最脍炙人口的一段故事。

图7-2　赤壁之战场景图

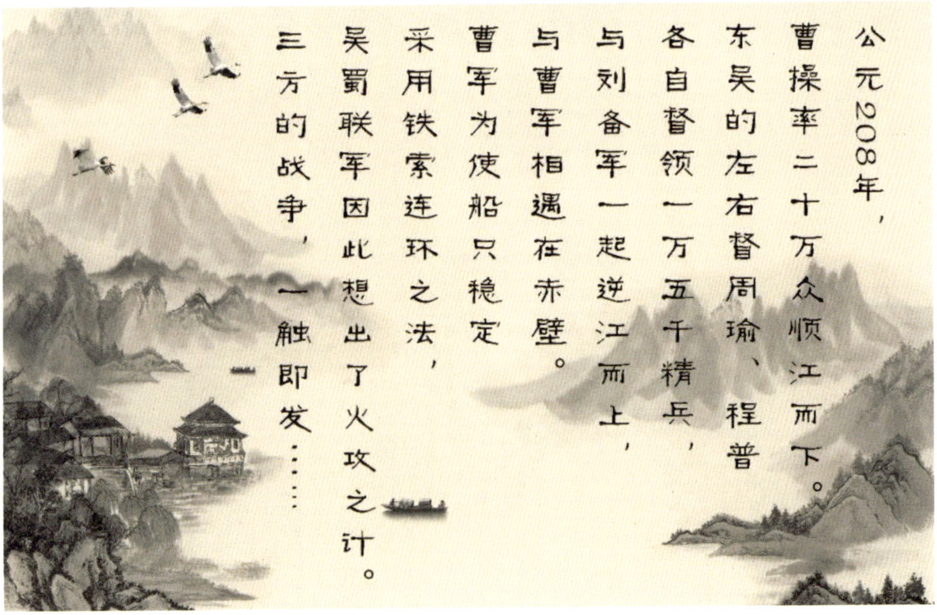

图7-3　赤壁之战历史背景知识图

一、冬令营主要项目

该冬令营活动致力于还原“赤壁之战”的历史文学IP，结合上海海湾国家森林公园独特的自然环境，利用户外探索教育的模式和山鹰课程体系，将赤壁之战和体验式教育结合，输出完整的体验内容。

图7-4　冬令营宣传图

1. 行军操练+攀树

古代军队中有一个重要的角色就是斥候，即侦察兵。如行军途中难免会遇

图7-5　攀树

到一些复杂地形，或需要提前侦察情报，那么侦察兵就需要先往高处去，观察一下环境、兵力、路况再做计划。而高处，就包括树上，因此，行军操练和攀树技能是该主题冬令营的主要项目之一。

图7-6　森林徒步1

图7-7　森林徒步2

2. 行军+户外技能学习

古代战争行军，搭建营地、户外取火和取水都是必备技能，该冬令营项目中由专业户外指导员带孩子们进行森林徒步，并在这一过程中进行搭庇护所、户外取火、制作净水器等项目。

图7-8　搭庇护所

图7-9　户外取火

图7-10　制作净水器

3. “水军操练”+独木舟运动体验

水战（包括草船借箭）是赤壁之战中最重要的一环，将其和独木舟技能学习结合，由加拿大独木舟协会的专业教练主带，保障专业性和安全性，孩子们完成学习任务还能获得加拿大独木舟协会技能证书。

图7-11　水军操练

图7-12　独木舟划行

图7-13　独木舟活动

4. “攻城大战”+先锋工程

古代能工巧匠辈出，尤其是攻城器械中，运用了大量匠人的巧思和特殊的器械结构。在冬令营中，我们引入先锋工程专业课程，带孩子们一起动手制作投石机、三脚架等各种有趣的器械。

图7-14 “攻城大战”+先锋工程

5. 冬令营日程

第1天 集结入营	第2天 深入腹地	第3天 赤壁大战
08:30—10:00 集结入营	09:00—11:30 千里骑兵 森林徒步	09:00—11:30 赤壁大战 综合竞争
10:30—12:00 校场点兵	12:30—14:30 午餐 休整	12:30—13:00 午餐 休整
12:00—14:30 午餐 休整	14:30—17:00 水军操练 独木舟	13:00—14:00 犒赏三军
14:30—17:00 三军操练 攀树、独木舟	17:00—18:30 晚餐 休整	14:00 荣归故里 返程
17:00—18:30 晚餐 休整	19:00—20:30 舌战群儒 LNT原则辩论赛	
19:00—20:30 草船借箭 制作稻草人		

图7-15　冬令营日程安排

二、冬令营的收获

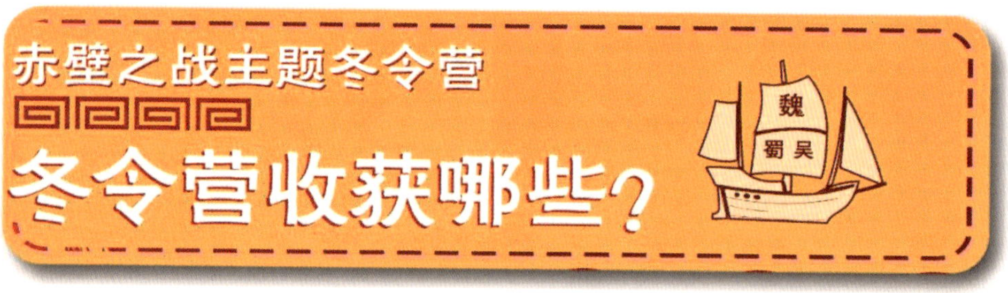

图7-16　冬令营收获指引图

赤壁之战主题冬令营从“文”和“武”两方面设计相应的项目，“文”如：精读三国、制定作战计划、自然创作等；“武”如：户外徒步技能、射箭、攀树、独木舟、先锋工程……不仅强调技能学习，还重点培养团队意识。

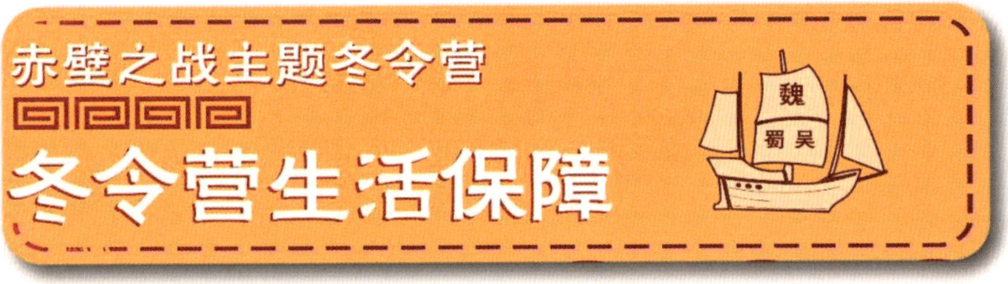

图7-17　冬令营生活保障指引图

三、冬令营的饮食与住宿

冬令营期间的饮食由营地主厨进行科学营养配比，每日采购当地蔬果生鲜，兼顾儿童口味和均衡营养摄入，并根据具体天气和课程安排，调整正餐和下午茶的安排。住宿则安排有正规营地，兼顾安全性和趣味性。

图7-18　冬令营饮食丰富多彩

图7-19　冬令营住宿条件

第二节　“皮划艇益+”项目计划书展示

“皮划艇益+”项目获得2017年中国第三届“互联网+”大学生创新创业大赛广西壮族自治区区级立项，项目最终主要依托贺州市跃浪体育文化有限公司落地，项目组成员得到了实践创业的锻炼机会，为以后的创新创业奠定了一定的基础。以下为项目计划书的展示。

中国第三届“互联网+”大学生创新创业大赛项目计划书

项目名称：皮划艇益+

项目类型：创意类

团队成员：黎飞凤（项目负责人）、卢飞云、方玲、韦钰颖、唐伟鹏、谭胜文、吴文杰

指导教师：梁汉平、徐彬超

申报日期：2017年5月

1 项目概述

1.1 “皮划艇益+”项目成立背景

随着经济不断发展，人们的消费观念也逐渐开始发生变化，传统的观光旅游模式已经满足不了大众，人们渴望一种新颖的旅游方式。随着国家体育总局、发改委重磅发文，力推健身休闲和户外运动产业发展。广西也出台了《广西壮族自治区人民政府办公厅关于加快发展健身休闲产业的实施意见》。广西也是旅游大省，广西的河池市、贺州市是全国仅有的两个世界长寿市，广西的长寿、养生、健体旅游资源优势非常独特。随着户外休闲旅游的风潮，水上运动也进入高速发展期。而皮划艇作为水上运动的热门项目开始进入大众的视野。

1.2 项目简介

皮划艇是一项健康、时尚、环保的户外有氧健身运动。以皮划艇主打的旅行项目近年来在长三角地区开始流行。各大户外俱乐部的水上运动，主要以皮划艇为切入点。个别高校现已经开设皮划艇选修课。贺州市拥有丰富的水上旅游资源，且致力于建设“中国生态旅游名城”。在此背景下，本项目将体育休闲皮划艇运动融入贺州市生态、健康、养生、休闲产业中去，以皮划艇运动为特色，开拓贺州生态健康旅游市场。皮划艇休闲游集“体育、健康、休闲、旅游”于一体，打破传统旅游单一的观光模式，整合体育元素与旅游元素，让旅游变得更生动、更健康。

1.3 “皮划艇益+”的亮点与特色

团队实行“线上营销宣传+线下提供服务”的经营理念。通过运用微信公众号、微博、QQ等网络社交软件进行以皮划艇为主的体育休闲游宣传，定期进行消息推送，让人们认识皮划艇、了解皮划艇并知道我们有关皮划艇休闲游的旅游产品；本团队为游客提供DIY私人订制的旅游专线，游客能自主选择自己想要的旅游方式，更好地调动游客的积极性，增加旅游的趣味性；团队本身具备成熟的业务条件，团队内部具备专业的皮划艇教练人员和专业的导游人员，教练、导游人员持证上岗。本团队还致力于带动学生市场，利用学校的优质资源，建立“学生教练+学生导游”资源库，主要对体育专业和旅游专业的学生进行培训，一方面有利于降低公司的成本，另一方面为学生群体提供一个良好的实习平台，实现资源的优化配置。皮划艇休闲游出行方式为租车出行，本团队会与贺州各个有知名度和高质量服务的汽车公司合作，并会在旅游期间给游客购买保险。

（1）由“学生教练”进行皮划艇技能教学，为学生提供更多实践锻炼岗位，建立人才资源库。

（2）游客可DIY旅游路线。按时间长短可分一般游和夏令营，还设计有农家乐+皮划艇水下游等，在专业教练的带领下，游客可进行水上体验游。

（3）提供餐饮服务，可以与星级饭店、农家乐等进行长期合作，推广贺州美食与土特产品。

（4）提供团建活动场地，打造个性化服务，为企事业单位团建创造一次难忘的体验机会，增强团队协作能力。

（5）可组织亲子游，一家人进行游艇活动，可放松身心，也可增进家庭幸福感。

（6）可策划承办在贺州举办的皮划艇比赛，并为比赛提供专业的裁判队伍和比赛时用的皮划艇及其他所需装备。专业的教练员可以为参赛队员提供专业的培训。

1.4 市场细分（目标市场）

1.4.1 亲子游

受成长环境影响，“80后”父母高度认可旅游体验对孩子成长的裨益，对孩子的旅游投入也逐年增加。亲子游最大的特点是：促进父母与孩子之间的沟通交流，给父母和孩子创造一个温馨舒适的相处环境。既可增加一家人的配合能力，又能让孩子学到玩皮划艇的技能。

1.4.2 团建活动

有益于员工身心健康，锻炼员工的身体素质，提高团队的凝聚力，加强员工的沟通与交流，丰富员工的业余文化生活，培养顽强奋斗、勇于拼搏的优良品质，提升员工之间的配合与默契度。

1.4.3 皮划艇主题夏令营

皮划艇主题夏令营属于游学夏令营，其意义有：在特定环境下接受针对性的锻炼和培训，快速提高身体素质和划皮划艇技能。入住当地居民家庭，了解当地生活方式。与不同地域的学生进行互动，增强沟通交流能力。培养综合素质，提高生存能力和知识储备，培养团队合作精神。

1.4.4 体育赛事

贺州拥有丰富的水资源，可以开展相关水上体育赛事，比如皮划艇比赛等，也可以开展球类比赛。

1.4.5 市场定位

旅游市场定位是指团队根据目标市场上的竞争者和企业自身的状况，从各方面为本团队的旅游产品和服务创造宣传条件，树立本团队的品牌形象，以吸引客户，让客户更加信赖本团队。简单地说，目标市场的选择是让旅游企业如何找准顾客，而市场定位则是让企业如何赢得顾客的青睐。

1.5 SWOT分析

1.5.1 优势

此类旅游项目在贺州仍处于市场空白状态，竞争压力小。在国家政策支持的大环境下，贺州市政府树立了“绿色立市”的理念，着重发展贺州生态健康产业。交通方面也具有优势：广州白云机场、桂林两江机场、梧州西江机场三个机场为旅客出游提供便利，贺州将要建设轻轨，同时高铁的开通为更多游客来贺州提供了更多的可能性。贺州市具有丰富的水资源。

1.5.2 劣势

皮划艇属于新兴旅游项目，无此类经验可以借鉴，难度较大；人们对该项目的认知较少，需要更大的宣传力度；资金不充裕。

1.5.3 机遇

（1）国家产业结构的调整

创新、绿色、开放、共享和大力发展第三产业以及生态健康旅游、生态健康休闲、生态健康养生和生态健康养老的业态，为贺州市旅游业的快速健康发展提供了极好的机遇。

（2）丰富的旅游资源

森林覆盖率是生态良好的重要指标，贺州的森林覆盖率高，有些县份达到85%以上，可供深加工、深开发的资源多。

（3）休闲旅游生态市场的建立

贺州打造有四个旅游重镇——西溪温泉小镇、大桂山国际颐养小镇、黄姚古镇、姑婆山世界风情小镇。四个小镇全面启动，规划引领，规划先行，用旅游专线轻轨连起来，形成一个全域旅游市场。

1.5.4 挑战

第一，水域生态环境的保护力度有待提高。

第二，竞争日益激烈。

第三，旅游需求结构有待优化。

1.6 “皮划艇益+”项目的团队介绍

1.6.1 团队构成

本项目团队由跨年级、跨专业的高校学生组成，团队人员具备丰富的专业基础知识和专业技术，团队协作能力强，能扬长补短，拥有团结、拼搏、创新、敬业的团队精神。

1.6.2 团队宗旨

核心价值观：团结、拼搏、服务。服务宗旨：诚信经营，顾客至上。发展目标：创新与稳健相结合的发展战略，诚信尽心的服务理念，为客户量身定制个性化最佳方案，为团队创造更多的发展机遇，为社会提供更好的旅游服务。

1.6.3 创业目的

培养自身的创新意识、创新思维，提高自身的专业能力和综合素质，致力于成长为多层次、复合型、应用型人才，把知识转换为生产力，提高对理论知识的理解和应用能力，激发自主学习的兴趣和积极性，同时为其他大学生的就业提供更多的机会和平台。

2 项目旅游服务内容

本团队的服务主要分成四个部分，这四个部分也是本团队发展的核心竞争力，通过把这四个服务板块做大做好，从而满足游客的需求，更好地领先于相关竞争者，建立具有特色的运行模式。

2.1 路线服务

随着人们观念的进一步转变，自助游越来越被人们接受，人们对自助旅游的支付能力也有所提高，相比之下传统的固定旅游路线已经很难满足现代人的个性化旅游需求。而随着智慧旅游、生态旅游越来越被人们所接受，贺州还没有出现相对成熟的团队专注于智慧旅游、自助旅游、生态旅游，而本团队以更休闲、更健康的皮划艇旅游、让客人满意的DIY旅游路线等特色产品面向市场。

2.1.1 DIY旅游线路介绍

团队运用大数据，在APP上推送贺州众多水库及景区的介绍，例如：龟石水库、姑婆山景区可以进行皮划艇休闲游、可露营等。本团队会通过客服对游客制定好的路线给予专业的评价，在调动游客积极性的同时，更好地让游客明白路线的优缺点，让游客设计的线路更加可行。如果游客不想自主制定旅游路线，本团队会给游客提供几种已经制定好的半成品旅游路线，帮助游客进行选择，更好地实现资源优化配置。

2.1.2 DIY旅游路线订制

游客只要下载本团队的APP，就可以在APP上选择所需要的旅游路线，也可以给本公司的客服来电订制。

2.2 突发情况及解决办法

在旅游过程中随时可能会有突发情况，团队要有相应的解决办法。

（1）可能会出现不可控制因素如暴雨、下雪等。

解决办法：实时跟进天气情况，及时沟通并改换其他旅游路线，保障安全。

（2）某个景区、景点可能会出现旅游高峰造成旅游活动难以继续展开。

解决办法：提前做好景点、景区人数统计，尽量避免众多游客拥挤某一景点的情况；如果已经出现众多游客拥挤的情况，要及时进行分流，引导游客去其他的景点。

（3）可能会出现游客失联的情况，如有些游客走到一些信号覆盖率低的地带，因而暂时无法取得联系。

解决办法：为每位游客配备智能手环，通过智能手环定位功能结合路线记录功能，快速找到失联游客的大致方位。

2.3 教练和导游服务

2.3.1 教练服务

团队主打体育旅游，教练在旅游活动中发挥着重要的作用。由于皮划艇休闲游是结合皮划艇这项水上运动开展的旅游，重中之重就是皮划艇的教学与使用。

团队与贺州市跃浪体育文化有限公司达成战略合作协议，已有四名持证教练，同时建立人才资源库，针对贺州学院旅游与体育健康学院学生进行培训，指导其考证、持证上岗，保证其专业性。不仅能让学生巩固在课堂上学到的知识，又能让他们在实践课堂上快速成长。

2.3.2 导游服务

让专业、有经验的导游给持有导游资格证的学生导游进行培训，提高学生导游的服务能力，保障导游服务质量，帮助学校解决了学生实践问题。同时，针对不同的游客提供不同的导游服务。对于有能力支付更高费用的消费人群，如商务人士，团队会推出“贴心管家”导游服务，全方位满足旅客的不同需求。“贴心管家”会全程根据顾客的安排，进行导游服务。若顾客不想要导游全程陪同，则“贴心管家”会及时跟进了解顾客所在的位置，等候顾客完成旅游。顾客不小心迷路时，只要及时与在线客服联系，在线客服即可第一时间帮助顾客选择正确的路线。最后“贴心管家”向公司反映情况，为以后给游客提供更好的服务打下基础。

3 环境分析（PEST分析）

3.1 政治因素分析

国务院和国家体育总局力推休闲健身和户外运动产业的发展，水上运动也迎来了高速发展。随着《“十四五”旅游业发展规划》《国民旅游休闲发展纲要（2022—2030年）》等文件的印发施行，旅游休闲设施、特色旅游休闲线路和优质旅游休闲产品不断增加。《“健康中国2030”规划纲要》也指出要普及健康生活、优化健康服务、完善健康保障、建设健康环境、发展健康产业。皮划艇作为一项新型的水上休闲运动，集旅游、休闲、健康于一体，拥有广阔的发展前景。

3.2 经济因素分析

伴随着中国经济的发展，人民生活质量不断提高，人们对旅游的需求也日益增长，旅游已经成为了国民生活的重要内容；除了传统的观光型旅游，越来越多的人们希望在旅游活动中既能愉悦身心还能强身健体；旅游产业希望有新颖的旅游方式、活动项目来吸引游客的眼球。皮划艇作为一种水上休闲活动，也将被国民所认可，成为推动新型旅游发展的重要支撑点。

3.3 社会文化因素分析

随着经济的发展，人民生活水平的提高，人们对生活的质量有了更高的要求，舒适、自然、健康的生态环境是人们所向往的。中国作为文明古国，文化底蕴深厚，重视文化的传承与发展。旅游业也越来越重视旅游文化内涵，推崇休闲旅游与体育文化相结合的旅游模式。皮划艇作为一种旅游形式在欧美国家已流行40余年，而我国还没有大面积地推广，所以其发展空间较大。

3.4 技术因素分析

伴随科技的发展，旅游的基础设施日益完备，便利的交通为远距离的运输提供保障。针对皮划艇项目，各景区开发了相应的设施设备；我们的皮划艇有专业的救生技术人员和教练，安全措施到位，可有效防止意外事故的发生。

4 营销策略

4.1 市场预测

目前，我国旅游消费市场日益走向成熟。尽管传统的旅游方式在旅游市场中仍占主体地位，但是休闲旅游已经成为旅游行业未来5年成长的主力。游客不再追求“到此一游”，而是希望通过旅游获得精神上的愉悦和满足。皮划艇在我国开始流行，皮划艇结合农家乐餐饮的特色旅游也将受到游客的欢迎，在旅游市场上占据重要位置。

4.2 产品品牌推广

（1）网络宣传

通过微信朋友圈、QQ空间和微博等方式进行产品推广，致力于先打开贺州本地市场，通过学生群体提升产品的知名度，让更多的人知道并了解该活动。

（2）公共平台

在微信公众平台和QQ群上宣传团队给游客提供的优质的私人订制旅游服务和特色旅游线路。在公众平台上展现贺州特色皮划艇旅游取得的成果，让更多的人对其产生兴趣，参与进来。同时，秉持诚信为本的理念，赚取回头率。

（3）图片视频宣传

制作经典的、有趣的、轻松的图片和视频，同时在其中附上团队的二维码和公众号等信息，给感兴趣的人提供一个更好的了解皮划艇的途径。

（4）贴吧宣传

在网上创建贴吧社区，大众可以通过贴吧了解本公司的最新动态。同时，游客也可以谈谈自己参与的感受与对团队的建议，方便团队改进与优化，提供更优质的服务。

4.3 价格策略

团队的基本服务包括皮划艇路线规划、皮划艇餐饮服务、交通接送服务，在此基础上，针对不同情况制定不同的价格，提供多样化的服务。

（1）不同时间不同价格

对旅游淡、旺季实行浮动价，淡季客房优惠，连续住宿越多，价格越优惠。

（2）不同空间

对不同的旅游点制定不同的定价。

（3）不同主体

对于团体游客、散客等群体提供不同的优惠措施。

（4）服务等级

对于DIY旅游路线的游客额外收费等。

4.4　促销策略

为了激发散客旅游的兴趣，团队应对已确定的旅游项目进行形象而具体的宣传促销，将旅游信息传达给更多的潜在游客，如表7-1。首先，树立团队的形象，突出其特点，以便吸引更多的游客。其次，要提供符合游客需要的旅游必需品，包括旅游线路说明书、矿泉水、救生装备和交通、食宿等，帮助人们增加了解、消除顾虑、增添游兴。再次，充分利用网络、报刊、电台等宣传媒介，做好广告宣传，进一步扩大影响力。

（1）特产促销方式

与农家乐等合作，提供特色餐饮，展示贺州的特色产品，例如富川脐橙、昭平茶、黄姚豆豉等，从而吸引更多的游客来贺州旅游和了解贺州的文化，方便进一步宣传和打响贺州的相关品牌，扩大贺州的影响力。发展到后期，有了强大的知名度以及品牌效应以后，可以帮助宣传其他地方的特色美食，如信都三黄鸡、柳州螺蛳粉，吸引外来商家来贺州进行投资。

（2）活动促销方式

周年庆、节假日，举办活动，赠送小礼品。同时利用抢红包的方式，在公众号、网站上，开展抢红包、抢优惠券的活动，更好地吸引年轻群体对团队和品牌的了解和支持。

表7-1　　活动促销方式

主要活动	活动内容	期望效果
节假日促销	抽奖活动，多人折扣活动	带动购买欲望，增加销量
新产品促销	推广期限时特价	提升关注度 同时推广新产品并且及时得到新产品的反馈信息
学生群促销	凭学生证购买可获九折优惠	扩大销售量

续表

主要活动	活动内容	期望效果
VIP会员制度（有义务要求）	携带会员卡消费可享受会员价，生日当天在本公司消费可获得神秘礼品一份，年末可有机会参加新春大礼包抽奖和抢红包的活动，会员卡等级升级可享受六折优惠	提高顾客回头率
关注微信公众号	成为“皮划艇益+”的粉丝，即每月可参与旅游半价优惠券的抢购。	扩大知名度

4.5 宣传策略

4.5.1 网络营销推广

（1）短信、QQ、微信圈、微博等方式推广

如初期在QQ上建立QQ群，微信上建立微信公众号等，及时发布团队最新的旅游资讯。定期开展会员团购活动，增强与注册会员的交流，及时反馈市场信息。

（2）网络媒体宣传

在贺州各大点击率高的网站放入团队的宣传信息及链接，让本地网民可以通过各类平台了解到本团队的旅游服务。

4.5.2 宣传内容

在公众平台上展现贺州特色旅游路线和美食，根据市场需求，在微信上发布消息，根据不同时期、不同区域的市场环境，确定微信宣传的重点，制作能代表其卖点的文字和图片，找到能形象描述卖点的关键词，拍摄代表卖点形象的图片。

根据景区经营情况、游客的消费方式和消费习惯，在微信上展示饭店、民宿的卖点，引起人们的注意并提供便利的订退方法。

多与老客户联系，利用会员制度等活动刺激他们二次消费，通过老用户传播，带动新用户关注。本公司会在自己的店面和宣传单上提供公司二维码，以便于新用户扫码关注，并通过网络传播、优惠活动策略等吸引新用户加入。

5 管理模式分析

5.1 人员管理

教练进行专业的皮划艇训练培训和救生培训，熟练掌握皮划艇操作技能和救生技能，持证上岗，定期进行岗位继续教育和评优活动。

5.2 固定资产管理

初期购买皮划艇15艘，救生衣30套。2017年公司项目开始运营，为了顺利开展各项业务，为员工营造良好的工作氛围，需要置办办公设备，如办公座椅、电脑、打印机、电话等。

5.3 客户管理

发展长期目标客户人群，主要针对户外休闲娱乐爱好者和皮划艇爱好者，实行会员制，以客户带动客户。对会员客户进行等级划分，建立等级会员资源库，针对不同目标客户提供相应服务。

6 经济与社会效益

6.1 资金来源与运用

资金主要来源于企业自筹10万元、银行长期借款10万元、众筹10万元。其中股东自筹的10万元和长期借款主要用于固定资产、流动资产的投资和支付开办费用。包括购置办公设备和开展活动所需的各种器材，活动中所需的直接人工、制造费用等其他各类期间费用。众筹10万元主要用于市场开拓和旅游产品的推广等。

6.2 经济效益

随着贺州“生态旅游”政策的实施，旅游与体育健康紧密联系在一起，休闲游也成为新的发展趋势。同时，伴随人民生活水平的提高，传统的旅游对于人们的吸引力愈发降低。人们渴望新型的旅游方式，皮划艇作为一种休闲娱乐的方式进入了人们的视野。皮划艇旅游具有强身健体和惊险刺激的特点，吸引人们的眼球。新兴旅游产业发展的同时，还能促进经济发展，而且能提供更大的就业空间和当地特色文化发展空间。皮划艇体育休闲游集体育、健康、休闲、旅游于一体，打破传统旅游“走马观花”的观光模式，在体育元素的基础上加上旅游的元素，既能在水边走，又能在水中游，多角度欣赏美景，多方位体验休闲健康游。贺州以山水出名，政府出台政策全力建设生态旅游名城，在此背景下，皮划艇体育休闲游的发展前景十分广阔。

综上所述，皮划艇旅游项目可以带动贺州的经济发展，还可以打造出以皮划艇为贺州特色的、独一无二的奇妙之旅。

6.3 社会效益

随着社会经济的发展，休闲旅游显然已成为社会文化活动的重要组成部分。在贺州引入皮划艇这项健康、自然、时尚、环保的户外有氧健康运动，不仅满足了人们的需要，同时打开了贺州市皮划艇旅游的市场。贺州地处三省交界，人口流量大，皮划艇体育休闲游在贺州的成功开展不仅能够带动贺州体育休闲旅游业的市场，而且能够带动当地文化产业的发展。

7 风险预测

7.1 生态风险

皮划艇作为体育休闲游的一种新型旅游模式，对生态环境有着一定的要求，一个成功的水上休闲娱乐项目，前提条件便是拥有良好的生态环境，方能相互依托。在风险应对上应落实可持续发展政策，尽量减少对生态的破坏，积极配合政府的生态建设。

7.2 经济风险

皮划艇的购买费用巨大，若购艇后项目得不到开展，没能按计划经营，公司将会承受一笔巨大的损失。因此，购艇前应规划好经营方案，科学评估可行性。

7.3 突发灾难风险

突发性灾难就其致灾原因而言可分为两类：自然性和人为性。无论是突发性自然灾害还是人为灾害，对旅游业来说都是巨大的冲击。由于突发事件的发生和不确定因素的增多，旅游安全和权益保障成为现在旅游业的一大问题。

7.4 技术风险

由于团队成员疏忽，导致系统分析和决策失误等原因可能给投资经营带来损失。

7.5 人身安全风险

人身安全是游客关心的重中之重，可能会因为旅游行为不规范以及游客自身安全意识相对淡薄从而发生安全事故，对团队的长远发展不利。

7.6 资金风险

本团队资金中有一部分是来自众筹，可能会发生给股东回报不够的情况。

7.7 人力资源风险

本团队难以避免技术人员出现跳槽离职、岗位空缺等的情况。

第三节 “研之有道——专注于高质量研学服务”参赛项目申报表展示

“研之有道——专注于高质量研学服务”项目，曾获广西壮族自治区创新创业训练项目立项、2022年贺州学院创新创业大赛二等奖，涉及比较多的新兴休闲体育运动项目以及攀树、皮划艇、腰旗橄榄球等课程。

表7-2　第十届“挑战杯”广西大学生创业计划竞赛参赛项目申报表

所在省（区、市）	广西贺州市	学校名称（全称）	贺州学院
项目名称	研之有道——专注于高质量研学服务		
项目类型	I. 普通高校		
项目分组（仅可选择一个组别，须在此栏中删除其他组别内容）	E. 文化创意和区域合作		

	姓名	性别	学院	年级、专业	手机	备注（负责人及各成员学历-本/硕/博）
团队成员（最多15人）	×××	女	旅游与体育健康学院	21级旅游管理	×××××××	本科
	×××	男	经济与管理学院	19级审计学	×××××××	本科
	×××	女	旅游与体育健康学院	21级旅游管理	×××××××	本科
	×××	女	旅游与体育健康学院	20级公共事业管理	×××××××	本科
	×××	女	旅游与体育健康学院	20级旅游管理	×××××××	本科
	×××	女	政治与历史学院	21级思想政治教育	×××××××	本科
	×××	男	文化与传媒学院	21级广播电视编导	×××××××	本科
	×××	男	文化与传媒学院	21级广播电视编导	×××××××	本科
	×××	女	设计学院	21级环境设计	×××××××	本科
	×××	女	旅游与体育健康学院	20级公共事业管理	×××××××	本科

	姓名	性别	学院	职称	职务	手机
指导教师（最多5人）	×××	男	旅游与体育健康学院	助教	教师	×××××××
	×××	女	旅游与体育健康学院	副研究员	教师	×××××××

续表

项目简介（500字以内）	研学旅行是"读万卷书行万里路"的有机结合，近年来，在相关政策的出台和影响下，研学旅行越来越受重视。但经过调研了解，大多数贺州中小学校都未开展过研学旅行。因此我们旨在开拓贺州市研学市场、挖掘贺州市的研学资源，为全国各地中小学生提供研学服务，为大学毕业生、当地居民、文化传承人等人群提供就业机会。 本团队与广西唯一一个研学营地——贺州学院进行合作，并将中小学校、旅行社以及贺州市内其他研学目的地连接起来，针对研学内容的需要，提供研学课程设计及研学服务策划运营。为孩子们创造出一场意义非凡的研学之旅，成为中小学、研学目的地、旅行社最得力的合作伙伴。 我们的产品分为研学课程产品以及研学服务产品。根据中小学的需求、研学目的地的特色打造研学课程。资源仅仅是原件，我们会进行加工转化，根据中小学不同学段特点和教育目标分类，包装成一条完整的线路，目前已与姑婆山、黄姚古镇等景点达成合作。本团队现已推出特色体育与民族体育运动类、传统文化类、科技与生活类、劳动教育类四类教育主题，包含25门课程，并且课程可进行地点迁移开展。研学服务产品为课程服务、安全保障、生活保障三大板块，能为中小学研学旅行提供高质量服务。
社会价值（500字以内）	当前，素质教育呼声日趋高涨，这一种体验和实践两者并重的教学形式，愈来愈受到政府、学校和家长的青睐。研学旅行能够有效地将体验和实践结合起来，并且能够让学生从多个层面、多个维度接触与体验社会，并且提升他们学习发展的空间。我们的研学课程将在大学课堂以及贺州市内特色的研学目的地内开展，有利于拓宽中小学生眼界，接触更高层面的教育资源，对于提高中小学生整体素质具有重要意义。本团队充分落实文化育人与实践育人相结合的教育理念，使研学者在潜移默化的文化熏陶中习得生活知识和生存技能，获得价值认知，坚定文化自信。现已推出25门课程，覆盖体育运动、传统文化、科技生活、劳动教育四大方面，并与贺州市当地特色非遗文化、饮食文化等有效结合。同时，我们与高校教师资源进行合作，并根据课程内容的特殊属性聘请当地的行业导师来进行教学讲解，订购当地特色农产品用于研学活动。随着研学规模的扩大，提高当地居民和中小学生的获得感、幸福感和安全感。
实践过程（500字以内）	第一步：进行调研。经过对贺州市各个中小学校的调研，我们了解到大多数学校都未开展过研学旅行，并发现当今市场上各种研学旅行机构的运行模式中存在的弊病及不足之处，如假研学、没有真正有意义的活动安排等问题。 第二步：了解需求。2016年，教育部等11部门印发了《关于推进中小学生研学旅行的意见》，2022年贺州市教育局出台了《贺州市中小学生研学旅行工作实施方案》，文件中提出每学年至少组织一次学生参加研学旅行教育实践活动，每次时间一般为小学2到3天，初中3到5天。随着我国的经济快速发展，研学旅行正处于大有可为的发展机遇期。 第三步：提供产品。依托贺州市研学旅行资源，设计研学方案。本团队现已推出特色体育与民族体育运动类、传统文化类、科技与生活类、劳动教育类四大主题，包含25门课程。以中小学生为目标客户，对研学旅行的运营模式进行合适的测试与调研，打造出一套完美而有意义的研学盛宴。带领中小学生进行不同主题的研学学习，并为其提供课程服务、安全保障、生活保障三大板块的研学过程服务。

续表

创新意义（500字以内）	传统旅行社的营销策略相对较普通，并且研学师资没有一定的保障。 本项目将高校资源与旅行社资源结合，摒除了当今研学机构的弊病。在师资方面依托高校资源，更加有保障。在安全方面，做到“活动有方案，行前有备案，应急有预案”，与安全系数高的研学目的地进行合作，通过旅行社将中小学生带至研学目的地，在研学过程中本团队成立专项跟队小组，全程对研学队伍进行跟进，提供高质量、完整的运营体系。在产品反馈方面，建立全面的售后评价系统。调研研学旅行参与主体学生及学生家长对研学旅行项目满意度，进一步确认研学旅行中存在的问题并制定措施，不断完善。 有效利用贺州市的旅游资源并且拓展了目前贺州市的研学市场，收费相对更加优惠；为毕业生等广大人群创建就业平台，缓解当今严峻的就业形势；在研学当中更是将当地优秀传统文化进行宣传推广，让中小学生继承优秀传统文化，体现了文化育人与实践育人相呼应的教育理念。
发展前景（500字以内）	在2021年6月，国家文化和旅游部发布了《“十四五”文化产业发展规划》，提出要大力发展研学旅行。2021年7月，“双减”政策落地，推动了中小学研学旅行新需求的充分释放，给研学旅行发展带来新的机遇。未来5年，我国研学旅行的市场规模将可以达到千亿元，市场空间巨大。 本项目发展前景：前期主要以贺州学院研学营地为试验点，对其研学课程以及路线方案进行策划。再通过线上、线下相结合的方式宣传贺州学院研学营地，组织当地的中小学生开展研学活动。中期加强与学校研学营地合作，依托贺州学院研学营地的现有资源，扩大与校外旅行社的合作，拓展研学市场。根据市场需求情况，有效利用贺州市的旅游资源，不断拓展研学地点，同时不断扩大目标群体，吸引贺州市、邻近各市乃至粤港澳大湾区的广大中小学生研学群体。后期将项目打造成为品牌，扩展研学市场至全国。经过团队成长发展，项目进入正常平稳的盈利阶段。与各研学目的地建立战略合作关系，通过项目设计、课程研究与开发、当地特色文化宣传等途径，寻找特色乡村进行课程服务，促进乡村振兴，推动“研学”与“旅行”同频共振，不断打造具有专属特色的品牌，带动当地就业，走出一条研学旅行的可持续发展之路。
团队协作（500字以内）	团队聚集了来自各行各业的优秀学子，负责人由旅游管理专业的同学担任，环境设计专业的同学负责品牌的设计，师范教育专业的同学负责研学课程的设计，广播电视编导及数字媒体与艺术专业的同学负责项目视频的拍摄和设计，审计学专业的同学负责项目资金的预算与决算，公共事业管理专业的同学负责研学服务管理，各部门成员各司其职，精诚合作。指导老师有高校教授，亦有行业及企业导师，也将为团队发展保驾护航。
其他相关证明材料	选报，所有其他相关证明材料需扫描在同一PDF文档中。